Introduction au bouddhisme

Du même auteur :

Trésor de contemplation
Claire lumière de félicité
Le cœur de la sagesse
La compassion universelle
Le manuel de méditation
La voie joyeuse
Le guide du Pays des Dakinis
Le vœu du bodhisattva
Le joyau du cœur
Grand trésor de mérite
Comprendre l'esprit
Les terres et les voies tantriques
Océan de nectar
L'essence du vajrayana
Vivre de manière sensée et mourir dans la joie
Huit étapes vers le bonheur
Transformez votre vie

Les **Éditions Tharpa** publient des livres qui présentent la voie bouddhiste de l'illumination la plus complète qui soit disponible en une langue occidentale, allant d'introductions simples sur le bouddhisme et la méditation, jusqu'à des exposés clairs et détaillés de la philosophie bouddhiste du niveau le plus élevé et de la pratique tantrique la plus avancée.

GUÉSHÉ KELSANG GYATSO

Introduction au bouddhisme

UNE EXPLICATION DU MODE
DE VIE BOUDDHISTE

ÉDITIONS THARPA
Paris

Première édition sous le titre : *Introduction to Buddhism* 1992
Deuxième édition 2001

Tharpa Publications
Conishead Priory
Ulverston, Cumbria
LA12 9QQ, Angleterre

Traduction française :

Deuxième édition 2003
Éditions Tharpa, Paris

Traduction collective

Illustration de la couverture de Robert Beer
Couverture dessinée par Stefan Killen
Photo de Guéshé Kelsang par Kathia Rabelo
Dessins à la plume de Sarah Young

Les bénéfices obtenus par la vente de ce livre seront partagés entre les Éditions Tharpa pour la publication de livres de Guéshé Kelsang Gyatso en langue française et le Fonds International dédié à la construction de temples pour la paix dans le monde.

ISBN 2-913717-03-9

Table des matières

Illustrations vii
Remerciements ix
Note de l'éditeur x

PREMIÈRE PARTIE : Les bases du bouddhisme
Qui était Bouddha ? 3
Comprendre l'esprit 13
Vies passées et vies futures 19
Qu'est-ce que le karma ? 29
Notre précieuse vie humaine 39
Qu'est-ce que la méditation ? 45
La mort 53
Le mode de vie bouddhiste 57

DEUXIÈME PARTIE : La voie de la libération
Qu'est-ce que la libération ? 65
Développer le renoncement 68
Les trois entraînements supérieurs 79

TROISIÈME PARTIE : La voie de l'illumination
Devenir un bodhisattva 87
Le mode de vie du bodhisattva 95
La vérité ultime 125
L'illumination 137
Dédicace 147

Appendice I – Les engagements de la prise de refuge 149
Appendice II – *Le soutra mahayana des trois cumuls supérieurs* 161

Glossaire 175
Programmes d'étude 191
Index 197
Autres lectures 207

Illustration de la couverture La fleur de lotus est un symbole bouddhiste traditionnel de pureté. Le lotus naît dans la vase au fond d'un lac, mais il fleurit au-dessus de l'eau sous la forme d'une fleur immaculée qui procure du plaisir à tous ceux qui la contemplent. Les êtres vivants naissent de la même manière dans l'océan de la souffrance, avec un corps et un esprit impurs, mais s'ils s'entraînent à la méditation ils peuvent atteindre un corps et un esprit entièrement purs, et apporter la paix et le bonheur à tous ceux qui les rencontrent.

Illustrations

Bouddha Shakyamouni 2

Bouddha Subjugueur Complet avec l'Essence du Vajra
Bouddha Joyau de Lumière Radieuse
Bouddha Puissant Roi des Nagas 14

Bouddha Chef des Héros
Bouddha Glorieux Plaisir
Bouddha Joyau de Feu 20

Bouddha Joyau de Clair de Lune
Bouddha Trésor de Contemplation
Bouddha Joyau de Lune 28

Bouddha Être Immaculé
Bouddha Octroyeur de Gloire
Bouddha Être Pur 38

Bouddha Qui Transforme avec Pureté
Bouddha Déité de l'Eau
Bouddha Dieu des Déités de l'Eau 46

Bouddha Glorieuse Excellence
Bouddha Glorieux Bois de Santal
Bouddha Splendeur Sans fin 52

Bouddha Glorieuse Lumière
Bouddha Être Glorieux sans Tristesse
Bouddha Fils sans Avidité 64

Bouddha Fleur Glorieuse
Bouddha Qui Connaît Clairement par la Jouissance d'un Rayonnement Pur
Bouddha Qui Connaît Clairement par la Jouissance du Rayonnement du Lotus 80

Bouddha Glorieuse Richesse
Bouddha Glorieuse Vigilance
Bouddha Nom Glorieux de Grande Renommée 86

Bouddha Roi de la Bannière de la Victoire
Bouddha Être Glorieux Subjugueur Complet
Bouddha Grand Vainqueur dans les Batailles 108

Bouddha Être Glorieux Subjugueur Complet Passé Au-delà
Bouddha Glorieuse Parure qui Illumine Tout
Bouddha Joyau du Lotus Grand Subjugueur 126

Bouddha Roi du Mont Mérou 138

Les illustrations de ce livre représentent les trente-cinq bouddhas de la confession. La pratique de purification qui est associée à ces bouddhas de la confession, appelée *Le soutra mahayana des trois cumuls supérieurs*, est expliquée dans l'appendice II.

Remerciements

Introduction au bouddhisme est une présentation d'une exceptionnelle clarté du mode de vie bouddhiste. Nous remercions du fond du cœur l'auteur, le vénérable Guéshé Kelsang Gyatso, qui a eu l'infinie bonté d'écrire ce livre qui offre aux occidentaux cette excellente introduction au bouddhisme.

Nos remerciements vont également à tous les étudiants de l'auteur pour leur dévouement et leur excellent travail, qui ont permis la publication de ce livre.

Roy Tyson,
Directeur administratif
Manjushri Mahayana
Buddhist Centre
Octobre 1992

Note de l'éditeur

Si vous n'êtes pas encore familiarisés avec la vie et les enseignements de Bouddha, il se peut qu'au premier abord certains des concepts et des pratiques présentés dans ce livre vous paraissent un peu inhabituels. Cependant, si vous y réfléchissez avec patience et sincérité, vous découvrirez qu'ils sont riches de sens et qu'ils présentent un grand intérêt pour notre vie quotidienne. Bien que le bouddhisme soit une religion ancienne née en Orient, les pratiques enseignées par Bouddha sont hors du temps et s'appliquent de façon universelle. De nos jours, de nombreuses personnes découvrent que le bouddhisme apporte des réponses à leurs questions et des solutions à leurs problèmes, qui ne peuvent être trouvées nulle part ailleurs. Par conséquent, nous espérons que la publication de ce livre contribuera à améliorer la compréhension du bouddhisme et à en approfondir l'appréciation en Occident.

PREMIÈRE PARTIE

Les bases du bouddhisme

Bouddha Shakyamouni

Qui était Bouddha ?

D'une façon générale, le terme « bouddha » désigne un « être éveillé », quelqu'un qui s'est éveillé du sommeil de l'ignorance et voit les choses telles qu'elles sont réellement. Un bouddha est une personne qui s'est complètement libérée de toutes les fautes et de toutes les obstructions mentales. Autrefois, de nombreuses personnes sont devenues des bouddhas, et de nombreuses personnes deviendront des bouddhas à l'avenir.

Le bouddha qui a fondé la religion bouddhiste est appelé Bouddha Shakyamouni. « Shakya » est le nom de la famille royale dans laquelle il est né et « mouni » veut dire « Celui qui est Capable ». Bouddha Shakyamouni, prince de naissance, est né en 624 av. J.-C., à Loumbini, un endroit situé à l'époque au nord de l'Inde, mais qui fait maintenant partie du Népal. Sa mère était la reine Mayadévi et son père le roi Shouddhodana.

Une nuit, la reine Mayadévi rêva qu'un éléphant blanc descendait du paradis et entrait dans son ventre. L'éléphant blanc qui entrait dans sa matrice indiquait que l'enfant qu'elle avait conçu cette nuit-là était un être pur et puissant. L'éléphant qui descendait du paradis indiquait que son enfant venait du Paradis de Toushita, le pays pur de Bouddha Maitreya. Plus tard, lorsqu'elle donna naissance à son enfant, au lieu de ressentir de la douleur, la reine eut une vision extraordinaire, pure. Elle se vit debout, tenant la branche d'un arbre de sa main droite, tandis que les dieux Brahma et Indra sortaient l'enfant de son flanc sans qu'elle n'éprouve de douleur, puis ils honorèrent l'enfant en lui offrant les ablutions rituelles.

Quand le roi vit l'enfant, il lui sembla que tous ses souhaits avaient été exaucés et il nomma le jeune prince « Siddhartha ». Il fit venir un devin brahmane afin de connaître l'avenir du jeune prince. Usant de son pouvoir de clairvoyance, le devin examina l'enfant et annonça au roi : « Certains signes montrent que ce garçon peut devenir soit un roi tchakravatine, un souverain du monde entier, soit un bouddha pleinement illuminé. Toutefois, comme le temps des rois tchakravatines est à présent révolu, il est certain qu'il va devenir un bouddha, et son influence bénéfique rayonnera dans les mille millions de mondes comme les rayons d'un soleil. »

Le jeune prince grandit, et maîtrisa tous les arts traditionnels et les sciences sans l'aide d'aucune instruction. Il connaissait soixante-quatre langues, chacune avec son propre alphabet, et de plus il était très doué en mathématiques. Un jour, il dit à son père qu'il pouvait compter tous les atomes du monde en l'espace d'une seule inspiration. Bien qu'il n'eût pas besoin d'étudier, il le fit pour plaire à son père et pour venir en aide aux autres. À la requête de son père, il suivit des cours dans une école où, en plus de l'étude de divers sujets académiques, il excella en d'autres disciplines, telles que les arts martiaux et le tir à l'arc. Le prince profitait de chaque occasion pour transmettre des enseignements spirituels et encourager les autres à suivre un chemin spirituel. Un jour, alors qu'il participait à un tournoi de tir à l'arc, il déclara : « Avec l'arc de la concentration méditative, je vais décocher la flèche de la sagesse et tuer le tigre de l'ignorance qui se trouve dans les êtres vivants. » Puis il décocha la flèche qui transperça cinq tigres de fer et sept arbres avant de disparaître dans la terre ! Après avoir assisté à de telles démonstrations, des milliers de personnes commencèrent à avoir foi en le prince.

Le prince Siddhartha allait parfois dans la capitale du royaume de son père pour voir comment les gens vivaient. Au cours de ces visites, il rencontra de nombreuses personnes âgées, des malades, et une fois il vit un cadavre. Ces rencontres laissèrent une profonde impression sur son esprit, et l'amenèrent à comprendre que tous les êtres vivants sans exception doivent éprouver les souffrances de la naissance, de la maladie, de la vieillesse et de la mort. Parce qu'il comprenait les lois de la réincarnation, il réalisa aussi que les êtres vivants enduraient ces souffrances non seulement une fois, mais encore et encore, vie après vie, sans interruption. Voyant comment tous les êtres vivants sont prisonniers du cercle vicieux de la souffrance, il ressentit à leur égard une profonde compassion et développa le désir sincère de les libérer tous de leurs souffrances. Comprenant que seul un bouddha pleinement illuminé a la sagesse et le pouvoir d'aider ainsi tous les êtres vivants, il décida de quitter le palais et de se retirer dans la solitude de la forêt, où il pratiquerait de profondes méditations jusqu'à l'accomplissement de l'illumination.

Lorsque les habitants du royaume shakya comprirent que le prince avait l'intention de quitter le palais, ils demandèrent au roi de lui arranger un mariage dans l'espoir que cela le ferait changer d'avis. Le roi accepta et lui trouva aussitôt une épouse convenable, la fille d'une famille shakya respectée, appelée Yasodhara. Le prince Siddhartha n'était cependant pas attaché aux plaisirs mondains, car il avait compris que les objets d'attachement sont comme des fleurs empoisonnées, au début ils semblent attirants, mais finalement ils donnent naissance à de grandes douleurs. Sa décision de quitter le palais et d'atteindre l'illumination demeura inchangée, mais pour satisfaire les souhaits de son père et aider momentanément le peuple shakya, il consentit à épouser Yasodhara. Bien qu'il demeurât au palais en qualité de prince royal, il consacra néanmoins tout son temps et toute son énergie à servir le peuple shakya autant qu'il le pouvait.

Quand il eut vingt-neuf ans, le prince eut une vision dans laquelle tous les bouddhas des dix directions lui apparurent et lui parlèrent à l'unisson, disant : « Dans le passé, tu as décidé de devenir un bouddha conquérant afin de pouvoir aider tous les êtres vivants prisonniers du cycle de la souffrance. À présent, il est temps d'accomplir ta résolution. » Le prince alla immédiatement trouver ses parents et leur fit part de son intention : « Je désire me retirer dans un endroit paisible de la forêt, où je pourrai méditer profondément afin d'atteindre rapidement la pleine illumination. Quand j'aurai atteint l'illumination, je pourrai rendre la bonté de tous les êtres vivants, et surtout la grande bonté dont vous avez fait preuve à mon égard. C'est pourquoi je sollicite votre permission de quitter le palais. » Ses parents furent choqués en entendant cela et le roi refusa d'accorder sa permission. Le prince Siddhartha dit alors à son père : « Père, si tu peux me procurer la libération permanente des souffrances de la naissance, de la maladie, de la vieillesse et de la mort, je resterai au palais, sinon je me verrai dans l'obligation de partir afin de donner tout son sens à ma vie humaine. »

Le roi essaya par tous les moyens d'empêcher son fils de quitter le palais. Dans l'espoir que le prince change d'avis, il l'entoura d'une suite de belles femmes, de danseurs, de chanteurs et de musiciens qui, jour et nuit, usèrent de leurs charmes pour lui plaire. Au cas où le prince tenterait de s'enfuir secrètement, il posta des gardes autour du palais. Cependant, la détermination du prince de quitter le palais pour dédier sa vie à la méditation était inébranlable. Une nuit, il utilisa ses pouvoirs miraculeux pour plonger ses gardes et ses serviteurs dans un sommeil profond pendant qu'il s'échappait du palais avec l'aide d'une personne de confiance. Après avoir parcouru une dizaine de kilomètres, le prince descendit de cheval et dit adieu à son compagnon. Puis il se coupa les cheveux et les jeta au ciel où ils furent attrapés par les dieux du Pays des Trente-Trois Paradis. Un des dieux offrit ensuite au prince les robes couleur safran d'un mendiant religieux. Le prince les accepta et donna en échange à ce dieu ses vêtements royaux. De cette manière, il s'ordonna moine lui-même.

Siddhartha se dirigea ensuite vers la région de Bodh Gaya, en Inde, où il trouva un lieu approprié pour méditer. Il resta dans cet endroit et pratiqua tout spécialement une méditation appelée « concentration semblable à l'espace sur le dharmakaya », dans laquelle il se concentra en un seul point sur la nature ultime de tous les phénomènes. Après s'être entraîné à cette méditation pendant six ans, il réalisa qu'il était sur le point d'atteindre la pleine illumination. Il se rendit alors à Bodh Gaya où, le jour de la pleine lune du quatrième mois du calendrier lunaire, il s'assit sous l'arbre bodhi dans la posture de méditation et fit le vœu de ne pas sortir de sa méditation avant d'avoir atteint l'illumination parfaite. Avec cette détermination, il entra en méditation avec une concentration semblable à l'espace sur le dharmakaya.

Au crépuscule, le mara Dévapoutra, le chef de tous les démons, ou maras, de ce monde, essaya de troubler la concentration de Siddhartha en provoquant de nombreuses apparitions effrayantes. Il manifesta des hordes de démons terrifiants – certains lui jetaient des lances, lui décochaient des flèches, essayaient de le brûler avec du feu, certains faisant rouler sur lui d'énormes rochers et même des montagnes. Mais Siddhartha demeura parfaitement imperturbable. Par la force de sa concentration, les armes, les rochers et les montagnes lui apparurent comme une pluie de fleurs parfumées, et la fureur des flammes comme des offrandes de lumière d'arc-en-ciel.

Voyant qu'il ne parvenait pas à effrayer Siddhartha, pour lui faire abandonner sa méditation, le mara Dévapoutra essaya alors de le distraire en faisant apparaître d'innombrables belles femmes, mais Siddhartha répondit en se concentrant encore plus profondément. Il triompha ainsi de tous les démons de ce monde, c'est pourquoi il fut appelé par la suite un « bouddha conquérant ».

Siddhartha continua sa méditation jusqu'à l'aube et atteignit alors la concentration semblable au vajra. Dans cet état de concentration, qui est le tout dernier état mental d'un être limité, il ôta de son esprit les derniers voiles de l'ignorance et l'instant d'après il devint un bouddha, un être pleinement illuminé.

Il n'y a rien que Bouddha ne connaisse. Parce qu'il s'est éveillé du sommeil de l'ignorance et a éliminé toutes les obstructions de son esprit, il connaît absolument tout du passé, du présent et du futur, directement et simultanément. De plus, Bouddha a une grande compassion, totalement impartiale, qui embrasse tous les êtres vivants sans discrimination. Il vient en aide à tous les êtres vivants sans exception, en se manifestant sous de multiples formes à travers l'univers, et en bénissant leur esprit. En recevant les bénédictions de Bouddha, tous les êtres, même le plus petit des animaux, ont parfois des états d'esprit paisibles et vertueux. Finalement, tous vont rencontrer une émanation de Bouddha, sous la forme d'un guide spirituel, et auront la possibilité de s'engager dans la voie de la libération et de l'illumination. Comme l'a dit le grand érudit bouddhiste indien, Nagardjouna : « Il n'y a pas une seule personne qui n'ait reçu l'aide de Bouddha. »

Quarante-neuf jours après que Bouddha eut atteint l'illumination, les dieux Brahma et Indra le prièrent d'enseigner :

Ô Bouddha, trésor de compassion,
Les êtres vivants sont comme des aveugles qui risquent sans cesse de tomber dans les règnes inférieurs.
Dans ce monde, il n'y a pas d'autre protecteur que toi.
C'est pourquoi nous t'implorons, s'il te plaît, sors de ton équilibre méditatif et tourne la roue du dharma.

À la suite de cette requête, Bouddha sortit de sa méditation et enseigna la première roue du dharma. Ces enseignements, qui comprennent le *Soutra des quatre nobles vérités* et d'autres discours, sont la principale source du hinayana, ou petit véhicule, du bouddhisme. Plus tard, Bouddha enseigna les deuxième et troisième roues du dharma, qui comprennent respectivement, les *Soutras de la perfection de la sagesse* et le *Soutra de la discrimination de l'intention*. Ces enseignements sont la source du mahayana, ou grand véhicule, du bouddhisme. Dans les enseignements du hinayana, Bouddha explique comment atteindre la libération de la souffrance uniquement pour soi-même. Dans ceux du mahayana, il explique comment atteindre la pleine illumination, ou bouddhéité, pour le bien des autres. Les deux traditions s'épanouirent en Asie, d'abord en Inde, puis progressivement dans les pays voisins, y compris le Tibet. À présent, elles commencent également à se répandre en Occident.

La raison pour laquelle les enseignements de Bouddha sont appelés la « roue du dharma » est la suivante. Il est dit que dans les temps anciens, il y eut de grands rois appelés les « rois tchakravatines » qui gouvernaient le monde entier. Ces rois avaient de nombreuses possessions exceptionnelles, notamment une précieuse roue qui leur permettait de voyager autour du monde. Toute région visitée par le roi au moyen de cette précieuse roue passait sous son contrôle. Il est dit que les enseignements de Bouddha sont comme une précieuse roue parce que, dans toutes les contrées où ces enseignements sont dispensés, les habitants ont la possibilité de contrôler leur esprit en les mettant en pratique.

« Dharma » veut dire « protection ». En pratiquant les enseignements de Bouddha, nous nous protégeons contre la souffrance et les problèmes. Toutes les difficultés rencontrées dans la vie de tous les jours ont pour origine l'ignorance, et la méthode pour éliminer l'ignorance réside dans la pratique du dharma.

Pratiquer le dharma est la méthode suprême pour améliorer la qualité de notre vie humaine. La qualité de la vie ne dépend pas du développement extérieur ou du progrès matériel, mais du développement intérieur de la paix et du bonheur. Autrefois par exemple, de nombreux bouddhistes vivaient dans des pays pauvres et sous-développés, mais ils ont pu trouver un bonheur pur et durable en pratiquant ce que Bouddha avait enseigné.

Si nous intégrons les enseignements de Bouddha dans notre vie de tous les jours, nous pourrons résoudre tous nos problèmes intérieurs et avoir un esprit vraiment en paix. Sans paix intérieure, la paix extérieure est impossible. Si nous faisons d'abord régner la paix dans notre esprit en nous entraînant aux voies spirituelles, la paix extérieure viendra naturellement, mais si nous ne le faisons pas, le monde ne connaîtra jamais la paix, quel que soit le nombre de personnes qui militent en sa faveur.

Le bouddhisme, ou bouddhadharma, comprend les enseignements de Bouddha ainsi que les expériences intérieures, ou réalisations, de ces enseignements. Bouddha a donné quatre-vingt-quatre mille enseignements. Tous ces enseignements, ainsi que leurs réalisations intérieures, constituent le bouddhisme. On peut diviser le bouddhisme en deux parties : les bases du bouddhisme et le bouddhisme avancé. La première partie de ce livre explique les enseignements essentiels qui forment les bases du bouddhisme, les deuxième et troisième parties introduisent les enseignements plus avancés.

Comprendre l'esprit

Bouddha a enseigné que tout dépend de l'esprit. Pour le réaliser, nous devons en premier lieu comprendre la nature et les fonctions de l'esprit. Au premier abord, cela peut nous sembler un peu trop simple, puisque nous avons tous un esprit et que nous savons tous quel est notre état d'esprit – s'il est heureux ou triste, clair ou confus, etc. Pourtant, si quelqu'un venait nous demander quelle est la nature de notre esprit et comment il fonctionne, nous serions probablement incapables de donner une réponse précise. Cela montre que nous n'avons pas une compréhension claire de l'esprit.

Certaines personnes pensent que l'esprit est le cerveau ou bien une autre partie ou fonction du corps, mais c'est une erreur. Le cerveau est un objet physique, on peut le voir avec les yeux, le photographier ou l'opérer en chirurgie. L'esprit, par contre, n'est pas un objet physique. On ne peut pas le voir avec les yeux, ni le photographier, ni le réparer

Bouddha Subjugueur Complet avec l'Essence du Vajra

Bouddha Joyau de Lumière Radieuse

Bouddha Puissant Roi des Nagas

par la chirurgie. Par conséquent, le cerveau n'est pas l'esprit, mais simplement une partie du corps.

Il n'y a rien dans le corps qui puisse être identifié comme étant notre esprit, parce que notre corps et notre esprit sont des entités différentes. Parfois, par exemple, lorsque notre corps est détendu et immobile, notre esprit peut être très agité, sautant d'un objet à l'autre. Cela indique que notre corps et notre esprit ne sont pas la même entité. Dans les écritures bouddhistes, notre corps est comparé à une auberge et notre esprit à un hôte qui y séjourne. Lorsque nous mourons, notre esprit quitte notre corps et s'en va vers la vie suivante, tout comme un hôte quitte une auberge pour aller ailleurs.

Si l'esprit n'est pas le cerveau ni aucune autre partie du corps, qu'est-ce que c'est ? C'est un continuum qui n'a pas de forme, dont la fonction est de percevoir et de comprendre les objets. Étant donné que l'esprit est par nature sans forme, ou non physique, il n'est pas gêné par les objets matériels. Ainsi, notre corps ne peut pas aller sur la lune sans voyager dans un vaisseau spatial, alors que notre esprit peut s'y rendre en un instant, simplement en y pensant. Connaître et percevoir les objets est la fonction non commune de l'esprit. Nous disons « Je connais ceci et cela », mais en réalité c'est notre esprit qui connaît. Nous ne connaissons les choses qu'au moyen de notre esprit.

Il y a trois niveaux d'esprit : grossier, subtil et très subtil. Le niveau grossier comprend les perceptions sensorielles, telles que la perception de l'œil et la perception de l'oreille, et toutes les fortes perturbations mentales, telles que la colère, la jalousie, l'attachement et la forte ignorance de saisie du soi. Ces différentes sortes d'esprit grossier sont reliées à des vents intérieurs grossiers et sont relativement faciles à reconnaître. Lorsque nous nous endormons ou que nous mourons, nos différents esprits grossiers se dissolvent vers l'intérieur et nos esprits subtils deviennent manifestes. Ces esprits subtils sont reliés à des vents intérieurs subtils et sont plus difficiles à reconnaître que les esprits grossiers. Au cours du sommeil profond et à la fin du processus de la mort, les vents intérieurs se dissolvent au centre de la roue des canaux du cœur, à l'intérieur du canal central, puis l'esprit très subtil, l'esprit de claire lumière, devient manifeste. L'esprit très subtil est relié au vent intérieur très subtil et il est extrêmement difficile à reconnaître. Le continuum de l'esprit très subtil n'a ni commencement ni fin. C'est cet esprit qui passe d'une vie à l'autre et, quand il sera complètement purifié par la pratique de la méditation, c'est cet esprit qui se transformera finalement en l'esprit omniscient d'un bouddha.

Il est très important d'être capable de distinguer les états d'esprit paisibles de ceux qui ne le sont pas. Les états d'esprit qui troublent notre paix intérieure, tels que la colère, la jalousie et l'attachement désirant, sont appelés « perturbations mentales ». Ce sont les causes principales de toute notre souffrance. Nous pensons peut-être que notre souffrance est causée par d'autres personnes, par des conditions matérielles difficiles ou bien par la société, mais en réalité elle provient entièrement de nos propres états d'esprit perturbés. L'essence de la pratique du dharma est de réduire, puis finalement d'éliminer complètement nos perturbations mentales, et de les remplacer par des états d'esprit paisibles et vertueux. C'est le but principal de la pratique de la méditation.

D'habitude, nous recherchons le bonheur en dehors de nous. Nous essayons d'obtenir de meilleures conditions matérielles, un meilleur travail, une position sociale plus élevée et ainsi de suite, mais quelle que soit notre réussite dans l'amélioration de notre situation extérieure, nous avons encore beaucoup de problèmes et beaucoup d'insatisfactions. Nous ne connaissons jamais un bonheur pur et durable. Dans ses enseignements, Bouddha nous conseille de ne pas chercher le bonheur en dehors de nous-mêmes, mais nous enseigne qu'il faut, au lieu de cela, l'établir à l'intérieur de notre esprit. Comment faut-il nous y prendre ? En purifiant et en contrôlant notre esprit par la pratique sincère du bouddhadharma. Si nous nous entraînons de cette manière, nous pouvons être sûrs que notre esprit restera tout le temps calme et heureux. Alors, quelles que soient les difficultés extérieures, nous resterons toujours heureux et sereins.

Bien que nous travaillions très dur pour trouver le bonheur, il reste insaisissable, alors que les souffrances et les problèmes semblent venir naturellement, sans aucun effort. Pourquoi ? Parce que, dans notre esprit, la cause du bonheur – la vertu – est très faible et ne peut produire son effet que si nous faisons beaucoup d'efforts, tandis que les causes intérieures de la souffrance et des problèmes – les perturbations mentales – sont très fortes et peuvent produire leur effet sans aucun effort de notre part. C'est la véritable raison pour laquelle les problèmes arrivent naturellement, alors que le bonheur est si difficile à trouver.

Nous pouvons donc en déduire que les causes principales du bonheur et des problèmes se trouvent dans l'esprit et non pas dans le monde extérieur. Si nous pouvions garder toute la journée un esprit calme et serein, nous n'aurions jamais de problèmes, ni de souffrance mentale. Par exemple, si notre esprit restait tout le temps calme, nous ne serions jamais malheureux, même quand on nous insulte, nous critique ou nous blâme, ou quand nous perdons notre travail ou nos amis. Quelles que soient les difficultés extérieures, tant que notre esprit restera calme et paisible, la situation ne sera pas un problème pour nous. Par conséquent, celui qui désire ne plus avoir aucun problème n'a qu'une seule chose à faire – apprendre à maintenir un état d'esprit paisible en pratiquant le dharma avec sincérité et pureté.

Vies passées et vies futures

Si nous comprenons la nature de l'esprit, nous pouvons aussi comprendre l'existence des vies passées et des vies futures. De nombreuses personnes croient que, lorsque le corps se désintègre au moment de la mort, le continuum de l'esprit cesse et l'esprit devient non existant, comme la flamme d'une bougie qui s'éteint quand toute la cire est consumée. Il y a même des gens qui pensent au suicide en espérant que la mort mettra fin à leurs problèmes et à leurs souffrances. Mais ces idées sont complètement erronées. Il a déjà été expliqué que notre corps et notre esprit sont des entités séparées, aussi même si le corps se désintègre au moment de la mort, le continuum de l'esprit, lui, ne cesse pas. Au lieu de cesser, l'esprit quitte simplement ce corps et s'en va vers la vie suivante. La mort, par conséquent, ne délivre pas les êtres ordinaires de la souffrance, mais ne fait que leur apporter de nouvelles souffrances. Parce qu'elles ne comprennent pas cela, de nombreuses personnes détruisent leur précieuse vie humaine en se suicidant.

Bouddha Chef des Héros

Bouddha Glorieux Plaisir *Bouddha Joyau de Feu*

Nous pouvons arriver à comprendre les vies passées et futures en examinant le processus du sommeil, du rêve et du réveil, parce que celui-ci ressemble de très près au processus de la mort, de l'état intermédiaire et de la renaissance. Quand nous nous endormons, nos vents intérieurs grossiers se rassemblent et se dissolvent vers l'intérieur, et notre esprit devient progressivement de plus en plus subtil, jusqu'à ce qu'il se transforme en l'esprit très subtil de la claire lumière du sommeil. Tant que la claire lumière du sommeil se manifeste, nous sommes plongés dans un sommeil profond et, pour les autres, c'est comme si nous étions morts. Lorsqu'elle cesse, notre esprit devient progressivement de plus en plus grossier et nous passons par les différents niveaux de l'état de rêve. Finalement, les pouvoirs normaux de notre mémoire et de notre contrôle mental sont rétablis, et nous nous réveillons. À ce moment-là, le monde du rêve disparaît et nous percevons le monde de l'état de veille.

Un processus très similaire se produit quand nous mourons. Lorsque nous mourons, nos vents se dissolvent vers l'intérieur et notre esprit devient progressivement de plus en plus subtil, jusqu'à ce que l'esprit très subtil de la claire lumière de la mort devienne manifeste. L'expérience de la claire lumière de la mort est très semblable à celle du sommeil profond. Après la cessation de la claire lumière de la mort, nous faisons l'expérience des étapes de l'état intermédiaire, ou *bardo* en tibétain, qui est un état semblable au rêve et qui se produit entre la mort et la renaissance. Après quelques jours ou quelques semaines, l'état intermédiaire se termine et nous renaissons. De même que le monde du rêve disparaît quand nous nous réveillons et qu'il fait place au monde de l'état de veille, les apparences de l'état intermédiaire cessent lorsque nous prenons une nouvelle naissance, et nous percevons le monde de notre nouvelle vie.

La seule différence significative entre le processus du sommeil, du rêve et du réveil, et celui de la mort, de l'état intermédiaire et de la renaissance, est le suivant : après la cessation de la claire lumière du sommeil, la relation entre notre esprit et notre corps actuel reste intacte, alors qu'elle est rompue après la claire lumière de la mort. En contemplant ces processus, nous serons convaincus de l'existence des vies passées et des vies futures.

Nous croyons généralement que les objets perçus dans les rêves sont irréels tandis que ceux qui sont perçus pendant l'état de veille sont vrais. Cependant, Bouddha a dit que tous les phénomènes sont semblables à des rêves, car dans les deux cas ce ne sont que de simples apparences à l'esprit. Pour ceux qui sont capables de les interpréter correctement, les rêves ont une grande signification. Si nous rêvons, par exemple, que nous visitons un certain pays dans lequel nous ne sommes jamais allés durant cette vie, notre rêve peut avoir une des quatre significations suivantes : soit nous sommes allés dans ce pays dans une vie précédente, soit nous le visiterons plus tard dans cette vie, soit nous le visiterons dans une vie future, soit nous avons une certaine relation personnelle avec ce pays, comme par exemple le fait d'avoir reçu récemment une lettre qui en provient ou de l'avoir vu dans une émission de télévision. De même, si nous rêvons que nous volons, cela peut vouloir dire que dans une vie précédente nous étions un être qui pouvait voler, par exemple un oiseau, ou un méditant qui a des pouvoirs miraculeux, ou que nous deviendrons plus tard un tel être. Rêver que nous volons peut aussi avoir une signification moins littérale et symboliser une amélioration de notre santé ou de notre état d'esprit.

C'est grâce aux rêves, qu'après la mort de ma mère je fus capable de découvrir le lieu de sa renaissance. Juste avant de mourir, ma mère s'assoupit quelques minutes et quand elle se réveilla elle dit à ma sœur, qui s'occupait d'elle, qu'elle avait rêvé de moi et que dans son rêve je lui avais offert une écharpe blanche traditionnelle, ou *khatag*. Je compris que ce rêve signifiait que je serais en mesure d'aider ma mère dans sa prochaine vie et ainsi, après sa mort, j'ai prié chaque jour pour qu'elle renaisse en Angleterre, où je vivais, afin d'avoir la possibilité de rencontrer et de reconnaître sa réincarnation. Je fis de puissantes requêtes à mon dharmapala pour qu'il me montre, par des signes clairs, où je pourrais trouver la réincarnation de ma mère.

Plus tard, je fis trois rêves qui me parurent significatifs. Dans le premier, je rêvais que je rencontrais ma mère dans un endroit que je pris pour l'Angleterre. Je lui demandai comment elle avait voyagé d'Inde en Angleterre, mais elle me répondit qu'elle ne venait pas d'Inde, mais de Suisse. Dans le deuxième rêve, je voyais ma mère parler avec un groupe de personnes. Je me suis approché d'elle et lui ai parlé en tibétain, mais elle n'avait pas l'air de comprendre ce que je disais. Lorsqu'elle était en vie, ma mère ne parlait que le tibétain, mais dans ce rêve elle parlait couramment l'anglais. Je lui demandai alors pourquoi elle avait oublié le tibétain, mais elle ne répondit pas. Plus tard, dans le même rêve, j'ai rêvé d'un couple d'occidentaux impliqués dans le développement de centres du dharma en Grande-Bretagne.

Ces deux rêves semblaient indiquer l'endroit où ma mère s'était réincarnée. Deux jours après le deuxième rêve, le mari du couple dont j'avais rêvé me rendit visite et m'annonça que sa femme était enceinte. Je me souvins immédiatement de mon rêve et pensai que son bébé pourrait être la réincarnation de ma mère. Le fait que, dans le rêve, ma mère avait oublié le tibétain et ne parlait que l'anglais, suggérait qu'elle renaîtrait dans un pays anglophone, et la présence de ce couple dans le rêve pouvait indiquer qu'ils étaient ses parents. J'accomplis alors une divination traditionnelle accompagnée de prières rituelles, appelée *mo* en tibétain, qui indiqua que leur enfant était la réincarnation de ma mère. J'en fus très heureux, mais n'en dis rien à personne.

Une nuit, j'ai rêvé à maintes reprises de ma mère. Le lendemain matin, j'ai considéré attentivement la question et pris une décision. Si le bébé était né cette nuit-là, alors c'était certainement la réincarnation de ma mère, sinon j'allais devoir faire d'autres vérifications. Ayant pris cette décision, j'ai téléphoné au mari qui m'annonça cette bonne nouvelle : sa femme avait donné naissance à une fille la nuit précédente. J'étais ravi et fis une poudja, ou cérémonie d'offrande, pour remercier mon dharmapala.

Quelques jours plus tard, le père téléphona pour me dire que s'il récitait le mantra de Bouddha Avalokiteshvara, OM MANI PÄMÉ HOUM, quand le bébé pleurait, il s'arrêtait immédiatement de pleurer et semblait écouter le mantra. Il me demanda pourquoi et je lui répondis que c'était à cause de tendances provenant de sa vie précédente. Je savais que ma mère avait récité ce mantra durant toute sa vie avec beaucoup de foi.

L'enfant fut nommé Amaravajra. Plus tard, quand Koutèn Lama, le frère de ma mère, vint en Angleterre et vit Amaravajra pour la première fois, il fut étonné de la grande affection qu'elle lui témoignait. Il dit que c'était comme si elle le reconnaissait. Je fis aussi la même expérience. Bien que je ne puisse que rarement lui rendre visite, elle était toujours extrêmement heureuse de me voir.

Quand Amaravajra commença à parler, elle montra un jour un chien en disant « kyi, kyi ». Elle prit ensuite l'habitude de répéter « kyi » chaque fois qu'elle voyait un chien. Son père me demanda si « kyi » signifiait quelque chose et je lui dis que, dans le dialecte de l'ouest du Tibet, là où ma mère avait vécu, « kyi » signifie « chien ». Ce ne fut pas le seul mot tibétain que la petite fille prononça spontanément.

Le mari de ma sœur m'apprit par la suite, qu'après la mort de ma mère, un astrologue tibétain avait prédit qu'elle renaîtrait en tant que femme dans un pays où l'on parlait une autre langue que le tibétain. Cette histoire est mon expérience personnelle, mais en cherchant bien, nous pouvons trouver beaucoup d'autres histoires vraies qui montrent comment des personnes ont été capables de reconnaître la réincarnation de leurs enseignants, parents, amis ou autres. En contemplant de telles histoires et en réfléchissant à la nature de l'esprit et à l'expérience des rêves, il est certain que nous serons convaincus de l'existence des vies passées et des vies futures.

Dans ses enseignements tantriques, Bouddha a enseigné une pratique spéciale appelée « le transfert de conscience dans un autre corps ». Cette pratique devint assez courante lorsque le bouddhisme s'installa au Tibet. Un pratiquant qui maîtrisa cette technique fut Tarma Dodé, le fils du célèbre traducteur et lama laïc tibétain, Marpa. Un jour, alors qu'il montait à cheval, Tarma Dodé fit une chute et se blessa mortellement. Sachant que son fils avait maîtrisé la pratique du transfert de conscience, Marpa commença immédiatement à chercher un cadavre dans lequel Tarma Dodé pourrait transférer sa conscience. N'ayant pu trouver un cadavre humain, Marpa amena à son fils celui d'un pigeon qui servirait de demeure provisoire à son esprit, en attendant de trouver un cadavre humain approprié. Tarma Dodé éjecta alors son esprit de son corps mourant et entra dans celui du pigeon. L'ancien corps de Tarma Dodé mourut immédiatement et le cadavre du pigeon revint à la vie. Tarma Dodé avait maintenant le corps d'un pigeon, mais son esprit était toujours celui d'un être humain.

Marpa ne voulait pas que son fils reste sous la forme d'un pigeon et il continua à chercher un cadavre humain ayant les qualités requises. Un jour, grâce à sa clairvoyance, il vit qu'un enseignant bouddhiste venait de mourir en Inde et que ses disciples avaient apporté son corps au cimetière. Marpa dit à son fils de voler aussi vite que possible jusqu'en Inde. Tarma Dodé vola alors jusqu'en Inde avec son corps de pigeon et, quand il arriva à l'endroit où le corps de l'enseignant reposait, il éjecta son esprit du corps du pigeon et entra dans le cadavre. Le corps du pigeon mourut immédiatement et le corps de l'enseignant décédé revint à la vie. Tarma Dodé passa alors le reste de sa vie en tant qu'enseignant indien connu sous le nom de Tiwou Sangnak

Dongpo. Quelques années plus tard, le disciple principal de Marpa, Milarépa, envoya son propre disciple, Rétchoungpa, en Inde pour recevoir des enseignements spéciaux de Tiwou Sangnak Dongpo. Quand Rétchoungpa retourna au Tibet, il offrit ces instructions à Milarépa.

Il existe de nombreux autres exemples de méditants d'autrefois qui pouvaient transférer leur conscience dans d'autres corps. Il est dit que Marpa lui-même pratiqua quatre fois au cours de sa vie le transfert de conscience dans un autre corps. Si l'esprit et le corps étaient la même entité, comment ces méditants auraient-ils pu transférer leur conscience de cette manière ? Si nous contemplons avec un esprit positif des histoires vraies comme celles-ci, cela nous aidera à comprendre que la conscience continue après la mort du corps. Après cela, il nous sera très facile de comprendre l'existence des vies passées et des vies futures.

Bouddha Joyau de Clair de Lune

Bouddha Trésor de Contemplation

Bouddha Joyau de Lune

Qu'est-ce que le karma ?

Pour comprendre les lois qui gouvernent la renaissance d'une vie à l'autre, il est nécessaire de comprendre le karma. « Karma » est un terme sanscrit qui veut dire « action ». Toutes les actions intentionnelles du corps, de la parole et de l'esprit sont du karma. Parfois, quand les bouddhistes souffrent ou qu'il leur arrive des malheurs, ils disent : « C'est mon karma », et ils acceptent cela avec patience. Toutefois, pour être précis, la souffrance que nous éprouvons n'est pas le karma proprement dit, mais l'effet du karma que nous avons accumulé soit au cours des vies précédentes, soit plus tôt dans cette vie.

Toutes les actions du corps et de la parole dépendent d'actions mentales, parce qu'elles sont toujours précédées par l'intention mentale d'agir. Sans avoir l'intention d'agir, nous ne ferions rien. Une intention mentale, qui est la détermination d'effectuer une action, est une action mentale ou un karma mental. Le karma physique est donc une activité physique préparée par une action mentale, et le karma verbal est une activité verbale préparée par une action mentale. Nous pouvons en déduire que le karma mental est plus important que le karma physique ou verbal.

C'est surtout l'intention qui la motive qui va déterminer si une action est bonne, mauvaise ou neutre. Les bonnes actions proviennent de nos bonnes intentions, les mauvaises actions de nos mauvaises intentions et les actions neutres de nos intentions neutres. Les actions bonnes, ou vertueuses, sont la principale cause d'une renaissance dans les règnes supérieurs et du bonheur futur, tandis que les actions mauvaises, ou non vertueuses, sont la cause principale d'une renaissance dans les règnes inférieurs, ainsi que de la souffrance future. Grâce à leur connaissance parfaite, les bouddhas nous enseignent cette relation dépendante entre les actions et leurs effets – les actions vertueuses produisent le bonheur et les actions non vertueuses la souffrance. Nous devons croire cela, parce qu'être convaincu par les lois du karma est la racine du bonheur futur.

Chaque action, une fois accomplie, laisse une empreinte sur notre esprit très subtil, et chaque empreinte donne finalement naissance à son propre effet. Notre esprit est comme un champ, et les actions que nous accomplissons sont comme des graines que nous y semons. Les actions vertueuses sèment les graines du bonheur futur et les actions non vertueuses celles de la souffrance future. Ces graines sommeillent dans notre esprit jusqu'à ce que surviennent les conditions de leur maturation, elles produisent alors leur effet. Dans certains cas, un grand nombre de vies séparent l'action initiale de son effet.

Les graines qui mûrissent lorsque nous mourons sont très importantes, parce qu'elles déterminent la sorte de renaissance que nous prendrons dans notre prochaine vie. La graine qui mûrit au moment de la mort dépend de l'état d'esprit dans lequel nous mourons. Si nous mourons avec un esprit en paix, cela stimulera une graine vertueuse et nous aurons une renaissance heureuse. Toutefois, si nous mourons avec un esprit non paisible, en étant en colère par exemple, cela stimulera une graine non vertueuse et nous aurons une renaissance malheureuse. Cela ressemble à la manière dont les cauchemars sont déclenchés par l'état d'esprit agité que nous avons juste avant de nous endormir.

Il y a six règnes dans lesquels il est possible de renaître : trois règnes inférieurs et trois règnes supérieurs. Les trois règnes inférieurs sont le règne des animaux, celui des esprits affamés et celui de l'enfer. Les trois règnes supérieurs sont le règne des êtres humains, celui des demi-dieux et celui des dieux. Ils sont décrits plus longuement dans *Le manuel de méditation*.

Les actions vertueuses, ou bon karma, sont non seulement la cause principale d'une renaissance dans les règnes supérieurs des êtres humains et des dieux, mais aussi celle du bonheur et de la bonne fortune en général. Aussi, si tout va bien pour nous dans cette vie – si nous avons une bonne santé, des conditions d'existence favorables, de bonnes relations avec les autres, ou si nos activités sont couronnées de succès – c'est que notre bon karma antérieur mûrit. De même, le succès dans notre pratique spirituelle et tous nos accomplissements spirituels sont le résultat d'un karma vertueux. Par contre, toutes les souffrances que nous éprouvons dans cette vie, telles que la maladie, la pauvreté, les conflits, les accidents et le mal causé par les êtres humains et les êtres non humains, sont le résultat de notre propre karma négatif passé. Si nos désirs les plus chers ne se réalisent pas alors que les expériences désagréables surviennent facilement, si nous n'arrivons pas à trouver de bons amis ou que, les ayant trouvés, nous en sommes vite séparés, c'est aussi dû à la maturation de notre karma négatif passé. Même les petits désagréments, comme tout ce qui vient déranger notre vie quotidienne, ou le mécontentement, qui sous-tend une si grande partie de notre vie, sont le résultat du karma non vertueux que nous avons accumulé au cours de nos vies antérieures.

Nous pouvons en déduire que, si nous voulons une protection contre la souffrance et contre le danger d'une renaissance inférieure, nous devons essayer de ne plus commettre de karma négatif, et essayer également de purifier celui que nous avons déjà créé. Dix actions non vertueuses principales sont à éviter : trois actions du corps, quatre de la parole et trois de l'esprit. Les trois actions physiques non vertueuses sont : tuer, voler et la méconduite sexuelle. Les quatre actions verbales non vertueuses sont : le mensonge, la parole qui divise, la parole blessante et le bavardage inutile. Les trois actions mentales non vertueuses sont : la convoitise, la méchanceté et maintenir des vues erronées. Elles sont expliquées en détail dans *La voie joyeuse*.

La meilleure façon d'éviter de commettre des actions négatives est d'avoir de la considération pour les autres. Puisque tous les êtres, même les animaux et les insectes, veulent être heureux et éviter la souffrance, essayons de ne jamais faire de mal à aucun être vivant. Si nous tuons, ne serait-ce qu'un tout petit insecte, c'est une action non vertueuse, car elle cause une grande souffrance à cet insecte. Nous aimons peut-être la pêche, mais si nous considérons cette activité du point de vue du poisson, nous réaliserons à quel point elle est néfaste. Il est important de développer notre compassion de la même manière pour les êtres humains et pour les animaux, sans discrimination, et il faut éviter avec le plus grand soin d'être une cause de souffrance pour tout être vivant.

Toutes les actions non vertueuses ont trois sortes d'effets : l'effet mûri, l'effet similaire à la cause et l'effet environnemental. L'effet mûri d'une action négative est la renaissance dans l'un des trois règnes inférieurs. Les actions négatives les plus graves mûrissent sous forme de renaissance dans le règne de l'enfer, les actions moins graves sous forme de renaissance dans le règne des esprits affamés, et les actions négatives les moins graves sous forme de renaissance dans le règne des animaux.

Il y a deux sortes d'effets similaires à la cause : les tendances similaires à la cause et les expériences similaires à la cause. Ces deux effets sont des répercussions supplémentaires d'une action non vertueuse, dont nous faisons l'expérience lorsque l'effet mûri a pris fin et que nous avons pris une autre renaissance dans l'un des six règnes.

Une tendance similaire à la cause est une forte compulsion à répéter des actions non vertueuses similaires. À cause de cette tendance, il nous est très difficile d'éviter de commettre de nouveau des actions négatives, créant ainsi la cause pour connaître beaucoup d'autres renaissances inférieures à l'avenir. La tendance similaire à l'action de tuer est d'avoir tendance à tuer. Par exemple, quand certaines personnes voient une araignée dans leur chambre, leur réaction machinale est de l'écraser, et certains enfants ne peuvent pas s'empêcher de tourmenter ou de torturer des animaux. Ce sont des tendances qui ressemblent aux actions destructrices commises dans le passé. De même, la tendance qui ressemble à la méconduite sexuelle est de ressentir une forte attirance pour le partenaire d'une autre personne.

Les effets qui sont des expériences similaires aux dix actions non vertueuses, sont les suivants. L'expérience similaire à l'action de tuer est que notre vie est courte, pleine de maladies et d'infirmités. En tuant, nous écourtons la vie de quelqu'un d'autre, en conséquence de quoi nous avons une vie courte et une santé précaire. Si nous éprouvons de telles choses dans cette vie, nous pouvons être certains que c'est le résultat de nos propres actions négatives passées. L'expérience similaire à l'action de voler est le manque d'argent et de biens matériels, et quand nous arrivons à en acquérir, ils nous sont volés ou empruntés par des personnes qui omettent de nous les rendre. L'expérience similaire à la méconduite sexuelle est que nous sommes très vite séparés de nos amis et de notre famille ; nos partenaires nous abandonnent pour quelqu'un d'autre, nos employés démissionnent rapidement et nous connaissons la solitude. Nous pouvons constater que certaines personnes, vieilles et laides, ont beaucoup d'amis et un partenaire dévoué, tandis que d'autres, jeunes et belles, ne parviennent pas à trouver de partenaire loyal et d'amitiés durables.

L'expérience similaire à l'action de mentir est que personne n'a confiance en ce que nous disons et que personne n'écoute nos conseils. L'expérience similaire à la parole qui divise est qu'il nous est difficile d'avoir des relations harmonieuses avec les autres. L'expérience similaire à la parole blessante est que les autres nous disent des choses déplaisantes et parlent de nous en mauvais termes. Chaque fois que quelqu'un nous blesse par des paroles offensantes ou sarcastiques, nous pouvons y voir le résultat de paroles dures que nous avons proférées précédemment. L'expérience similaire au bavardage inutile est que les gens ne prennent pas au sérieux ce que nous disons. Ils nous trouvent stupides et ne prêtent pas attention à nos observations et à nos opinions.

L'expérience similaire à la convoitise est que nos désirs ne sont pas satisfaits et que nous ne parvenons pas à obtenir ce que nous voulons. L'expérience similaire à la méchanceté est que nous avons tendance à être constamment effrayés et que nous sommes pris de panique dans les situations dangereuses. L'expérience similaire à maintenir des vues erronées est que nous avons une grande confusion et qu'il nous est difficile de développer la sagesse. De plus, quand nous écoutons le dharma ou le lisons, nous sommes pleins de doutes. Si nous trouvons maintenant qu'il est difficile de rejeter les idées fausses et d'atteindre des réalisations spirituelles, c'est le résultat d'avoir dans le passé maintenu fermement des vues erronées.

Le troisième effet d'une action négative est l'effet environnemental. Cela signifie généralement que, lors d'une future renaissance humaine par exemple, notre environnement et les choses qui nous entourent seront hostiles, dangereux ou inconfortables. L'effet environnemental de l'action de tuer est de vivre dans une région pauvre, où il est difficile de trouver de la nourriture et les autres objets de première nécessité. L'effet environnemental de l'action de voler est de vivre dans une région stérile, où la végétation et les cultures ne poussent pas bien. L'effet environnemental de la méconduite sexuelle est de vivre dans un endroit sale, infesté de maladies.

L'effet environnemental de l'action de mentir est de vivre dans un endroit où les gens nous dupent et nous trompent, et où nous ne pouvons faire confiance à personne. L'effet environnemental de la parole qui divise est de vivre dans une région accidentée et montagneuse, avec peu de moyens de transport, en conséquence de quoi les gens ont à porter de lourdes charges. Puisque la parole qui divise rend conflictuelles les relations harmonieuses et douces qui existent entre les gens, nous sommes contraints d'habiter dans un environnement rude et inhospitalier où les communications sont difficiles à établir. L'effet environnemental de la parole blessante est d'avoir à vivre dans une région recouverte d'une végétation dense, ou bien avec des plantes qui nous piquent, nous déchirent la chair et rendent tout déplacement désagréable. L'effet environnemental du bavardage inutile est de vivre dans un endroit où les fruits et les céréales ne poussent pas correctement, ou pas au bon moment, et sont ainsi gaspillés.

L'effet environnemental de la convoitise est d'avoir à vivre dans un endroit où les ressources matérielles sont facilement détruites ou perdues, ou dans un lieu où notre force physique et notre beauté se dégradent rapidement.

L'effet environnemental de la méchanceté est de renaître dans une région ravagée par la guerre et la maladie, ou troublée par des conflits incessants. L'effet environnemental de maintenir des vues erronées est de renaître dans une région qui manque d'eau et où les ressources sont vite épuisées. C'est un lieu où il n'existe rien de précieux – ni œuvres d'art, ni trésors de valeur, ni écritures saintes, ni guides spirituels.

Les écritures bouddhistes disent que celui qui connaît ces effets, et continue néanmoins à commettre des actions non vertueuses, est comme une personne dotée d'une vue parfaite qui marche droit vers le bord d'une falaise et le franchit ! Toutefois, il ne suffit pas simplement d'éviter de commettre de telles actions à l'avenir – il faut aussi purifier le karma négatif que nous avons accumulé précédemment. Si nous ne purifions pas notre karma négatif passé, nous aurons plus tard à subir tous les effets décrits précédemment, alors que si nous pratiquons la purification, nous pouvons effectivement l'empêcher de mûrir. Mû par sa grande compassion, Bouddha a enseigné de nombreuses méthodes pour purifier le karma négatif. Parmi celles-ci, une des plus puissantes est la pratique associée au *Soutra mahayana des trois cumuls supérieurs*. Vous pouvez trouver ce soutra, ainsi qu'une courte explication de cette pratique, dans l'appendice II de ce livre, et son commentaire détaillé dans le livre *Le vœu du bodhisattva*.

Bouddha Être Immaculé

Bouddha Octroyeur de Gloire *Bouddha Être Pur*

Notre précieuse vie humaine

Comme nous venons de le voir, il est possible de renaître dans l'un ou l'autre des six règnes, en fonction du karma qui mûrit au moment de la mort. Cette fois-ci, nous avons pris une renaissance en tant qu'être humain et avons ainsi la possibilité de jouir de tous les avantages d'une telle existence. Si nous contemplons ces avantages, nous comprendrons que cette vie est très précieuse parce qu'elle nous offre une occasion unique de croissance spirituelle. Comparée à la vie animale, par exemple, la vie humaine nous offre généralement beaucoup d'avantages, comme une bonne nourriture, un abri, et le fait de ne pas avoir à redouter les prédateurs. Mais le plus grand avantage d'être humain est d'avoir cette opportunité spéciale de développer notre esprit, et par là même de nous libérer et de libérer les autres de la souffrance.

Une vie humaine a un potentiel presque illimité, mais nous ne pourrons comprendre ce potentiel que si nous apprenons d'abord à l'apprécier. Il faut par conséquent contempler encore et encore l'extraordinaire opportunité qui s'offre à nous en ce moment. Si nous arrivons à prendre réellement conscience de la grande valeur de cette vie, nous prendrons certainement la résolution de l'utiliser avec sagesse. Nous saurons alors que notre vie est vraiment pleine de sens.

Notre esprit contient quatre-vingt-quatre mille perturbations mentales différentes qui produisent toutes une douleur mentale ou une maladie intérieure. Cette maladie intérieure n'a pas de commencement et, tant que nous n'abandonnerons pas nos états d'esprit perturbés, elle n'aura pas de fin. Si nous ne surmontons pas notre attachement, par exemple, il continuera à tourmenter notre esprit comme une soif insatiable, donnant constamment naissance à des sentiments d'insatisfaction et de frustration. De même, toutes les autres perturbations mentales, comme la colère, la jalousie et l'égoïsme, continueront de nous faire souffrir mentalement chaque fois qu'elles se manifesteront dans notre esprit.

Bien que nous ayons souffert de ces maladies intérieures depuis des temps sans commencement, nous avons maintenant la possibilité de les éradiquer complètement. Bouddha a donné quatre-vingt-quatre mille instructions différentes pour guérir ces maladies intérieures et, contrairement aux autres êtres vivants, les êtres humains ont la possibilité de recevoir ces instructions et de les mettre en pratique. Aussi, en nous en remettant aux enseignements de Bouddha, nous pouvons nous servir de cette existence pour réduire de manière graduelle, et finalement éradiquer complètement, nos perturbations mentales ainsi que toute la douleur et la souffrance auxquelles elles donnent naissance.

En règle générale, il y a trois manières d'utiliser notre précieuse vie humaine pour réaliser notre potentiel. Nous pouvons utiliser notre vie pour nous assurer de renaître en tant qu'être humain dans nos vies futures, avec toutes les conditions nécessaires pour mener une vie heureuse et pleine de sens, nous pouvons l'utiliser pour atteindre la libération totale de la souffrance, ou nous pouvons l'utiliser pour atteindre la pleine illumination, ou bouddhéité, pour le bien de tous les êtres vivants.

Un esprit humain est capable de comprendre l'existence des vies passées et des vies futures. Cette compréhension nous permet de dépasser les préoccupations de cette courte vie et de considérer le bien-être de nos vies futures. Ceci nous amène à conclure que si nous souhaitons une bonne renaissance par la suite, nous devons en créer les causes dès maintenant, dans cette vie.

Comment faut-il nous y prendre ? Nous pouvons créer la cause d'une renaissance humaine dans notre prochaine vie en pratiquant une discipline morale dès maintenant. Nous pouvons créer la cause d'un corps attrayant dans notre vie à venir en pratiquant la patience, et nous pouvons créer la cause de jouir d'une grande richesse et de ressources abondantes en pratiquant le don. Nous pouvons créer la cause grâce à laquelle nos souhaits se réaliseront, en accomplissant des actions vertueuses avec un esprit joyeux. Nous pouvons créer la cause d'un esprit calme et paisible, en pratiquant la méditation, et nous pouvons détruire notre ignorance et résoudre tous nos problèmes intérieurs, en améliorant notre sagesse. Nous pouvons créer la cause d'une bonne santé et d'une longue vie, en protégeant la vie des autres et en aidant les malades, et nous pouvons nous protéger d'une renaissance inférieure et nous assurer de celle d'un être humain ou d'un dieu, en faisant des offrandes, des prosternations et des prières aux bouddhas, bodhisattvas et autres êtres saints. Bref, nous pouvons utiliser cette vie humaine pour créer les causes de toutes les bonnes conditions dont nous souhaitons jouir plus tard.

Les êtres non humains, par exemple les animaux, n'ont pas cette possibilité, quelle que soit leur habileté dans d'autres domaines. Certains animaux sont par exemple très habiles pour chasser et trouver de la nourriture, et les oiseaux volent avec beaucoup d'agilité, mais les animaux ne peuvent pas pratiquer une discipline morale, ni même avoir le désir de la pratiquer. Tous les êtres vivants, même les vers et les insectes, peuvent commettre des actions négatives, mais seuls les êtres humains ont la possibilité de les purifier. Si, par exemple, nous récitons avec foi les noms des trente-cinq bouddhas de la confession du *Soutra mahayana des trois cumuls supérieurs*, nous pouvons purifier rapidement même le karma négatif le plus lourd. Ce soutra se trouve dans l'appendice II.

Cependant, même si nous renaissons en tant qu'être humain dans notre prochaine vie, nous ne serons pas encore libérés de la souffrance. Dans les six règnes, tous les êtres vivants rencontrent des problèmes, les uns après les autres. Ils doivent supporter les souffrances de la naissance, de la maladie, de la vieillesse, de la mort, de la déception, de la frustration, etc., encore et encore, vie après vie. Ce cycle de morts et de renaissances incontrôlées, où la souffrance est omniprésente, est appelé le « samsara ». Nous, les êtres humains, pouvons comprendre comment nous sommes piégés dans le samsara, pourquoi nous sommes forcés d'y renaître et comment nous pouvons nous en échapper. Cette compréhension nous donne naturellement le désir de nous échapper du samsara et de parvenir à la libération permanente de la souffrance. Ce désir est appelé « renoncement ». Si nous nous engageons avec cette motivation dans les pratiques spirituelles de la discipline morale, de la concentration et de la sagesse, qui sont expliquées dans la deuxième partie de ce livre, nous éliminerons finalement toutes nos perturbations mentales et atteindrons la libération complète du samsara et de tous ses problèmes.

Nous libérer complètement des perturbations mentales et de la souffrance n'est toutefois pas le but le plus élevé que nous puissions accomplir avec notre vie humaine. Si nous considérons la situation des autres êtres vivants, nous constaterons qu'ils sont tous piégés dans le samsara, où ils éprouvent vie après vie de terribles souffrances. Si nous nous en remettons alors aux enseignements mahayanas de Bouddha, nous pourrons développer une grande compassion pour tous ces êtres qui souffrent. Ayant compris que le seul moyen que nous avons de les protéger de la souffrance est d'acquérir toutes les compétences et les qualités d'un bouddha, nous sommes alors fermement déterminés à devenir un bouddha pour le bien de tous les êtres vivants. L'esprit qui possède cette détermination est appelé « bodhitchitta » ou « esprit d'illumination ». Lorsque nous avons développé la bodhitchitta, nous devenons un bodhisattva et adoptons le mode de vie d'un bodhisattva. L'essence du mode de vie d'un bodhisattva est la pratique des six perfections – les perfections du don, de la discipline morale, de la patience, de l'effort, de la stabilisation mentale et de la sagesse. Elles sont expliquées dans la troisième partie de ce livre. Si nous pratiquons les six perfections avec sincérité, nous atteindrons finalement la pleine illumination et nous deviendrons un bouddha conquérant.

Tout comme le prince Siddhartha a utilisé sa vie humaine pour pratiquer le dharma et atteindre la pleine illumination, nous pouvons, nous aussi, utiliser notre précieuse vie humaine pour faire de même. Si nous réalisons que notre précieuse vie humaine a un si grand potentiel, nous nous sentirons extrêmement chanceux, et nous déciderons de ne pas gaspiller cette vie dans des activités futiles, mais d'en extraire l'essence en pratiquant le dharma avec pureté.

Qu'est-ce que la méditation ?

La méditation est le cœur de la pratique du dharma. Le but de la méditation est de rendre notre esprit calme et paisible. Si notre esprit est paisible, nous n'aurons ni soucis ni douleurs mentales et nous connaîtrons ainsi le vrai bonheur. Mais si notre esprit n'est pas en paix, il nous sera très difficile d'être heureux, même si nous vivons dans les meilleures conditions. Si nous nous entraînons à la méditation, progressivement notre esprit va devenir de plus en plus paisible, et nous connaîtrons une forme de bonheur de plus en plus pure. Finalement nous serons capables d'être tout le temps heureux, même dans les situations les plus difficiles.

En général, il nous est difficile de contrôler notre esprit. Il ressemble à un ballon dans le vent – il va ici et là au gré des circonstances extérieures. Quand les choses vont bien, notre esprit est heureux, mais dès qu'elles vont mal, il devient malheureux. Lorsque nous obtenons ce que nous voulons, par exemple une nouvelle acquisition ou un nouveau partenaire, nous sommes excités et nous nous y accrochons

Bouddha Qui Transforme avec Pureté

Bouddha Déité de l'Eau

Bouddha Dieu des Déités de l'Eau

fortement. Toutefois, puisque nous ne pouvons pas avoir tout ce que nous désirons, et que nous serons inévitablement séparés des amis et des biens dont nous jouissons en ce moment, cette viscosité mentale, ou attachement, ne nous cause que de la douleur. Par ailleurs, lorsque nous n'obtenons pas ce que nous voulons ou que nous perdons quelque chose que nous aimons, nous devenons déprimés ou irritables. Si nous sommes par exemple obligés de travailler avec un collègue que nous n'aimons pas, nous nous sentirons probablement irrités et affligés, au point d'être incapables de travailler efficacement avec lui, et notre temps passé au travail deviendra une cause de stress et de frustration.

De telles sautes d'humeur se produisent parce que nous sommes beaucoup trop pris dans les situations extérieures. Nous sommes comme des enfants qui, excités d'avoir construit un château de sable, deviennent tristes quand celui-ci est détruit par la marée montante. Lorsque nous nous entraînons à la méditation, nous créons un espace intérieur et une clarté qui nous rendent capables de contrôler notre esprit, quelles que soient les circonstances extérieures. Nous remplaçons progressivement notre esprit instable, qui oscille entre les extrêmes de l'excitation et du découragement, par un esprit stable et équilibré qui est toujours heureux.

Si nous nous entraînons systématiquement à la méditation, nous réussirons finalement à éliminer de notre esprit les perturbations mentales qui causent tous nos problèmes et toutes nos souffrances. Nous en viendrons ainsi à connaître une paix intérieure permanente, appelée « libération » ou

« nirvana ». Alors, jour et nuit, vie après vie, nous ne connaîtrons que paix et bonheur.

La méditation est une méthode grâce à laquelle nous accoutumons notre esprit avec la vertu. C'est un esprit qui analyse un objet vertueux ou se concentre sur lui. Lorsque nous analysons un objet vertueux ou nous concentrons sur lui, notre esprit se calme. Si l'objet de notre contemplation agite notre esprit ou éveille notre colère ou notre attachement, cela indique que pour nous cet objet est non vertueux. Il existe aussi de nombreux objets neutres qui ne sont ni vertueux ni non vertueux.

On distingue deux types de méditation : la méditation analytique et la méditation placée. La méditation analytique consiste à contempler les instructions du dharma que nous avons entendues ou lues pour bien les comprendre. Contempler ces instructions en profondeur nous amène finalement à formuler une conclusion précise ou fait naître en nous un état d'esprit vertueux particulier. C'est cette conclusion ou cet état d'esprit vertueux qui est l'objet de la méditation placée. Nous nous concentrons ensuite en un seul point sur cette conclusion ou sur cet état d'esprit vertueux, le plus longtemps possible, pour nous familiariser profondément avec lui. Cette concentration en un seul point constitue la méditation placée. Pour simplifier, on appelle souvent la méditation analytique « contemplation » et la méditation placée « méditation ». La méditation placée dépend de la méditation analytique, et la méditation analytique dépend de l'écoute ou de la lecture des instructions du dharma.

La première étape de la méditation consiste à stopper les distractions et à rendre l'esprit plus clair et plus lucide.

Nous pouvons y parvenir en méditant simplement sur la respiration. Nous choisissons un endroit tranquille pour méditer et nous nous asseyons dans une position confortable. Nous pouvons nous asseoir dans la posture traditionnelle, jambes croisées, ou dans n'importe quelle autre position confortable. Nous pouvons, à notre convenance, nous asseoir sur une chaise. La chose la plus importante est de garder le dos droit afin d'éviter l'engourdissement et la somnolence.

Nous nous asseyons avec les yeux mi-clos et dirigeons notre attention vers notre respiration. Nous respirons naturellement, de préférence par le nez, sans tenter de contrôler notre respiration, et nous essayons d'être conscients de la sensation du souffle qui entre et qui sort par les narines. Cette sensation constitue notre objet de méditation, celui sur lequel nous devons essayer de nous concentrer à l'exclusion de toute autre chose.

Au début, notre esprit sera très agité et il se peut même que notre méditation semble avoir pour effet de le rendre encore plus agité, mais en réalité c'est seulement parce que nous devenons plus conscients de l'état d'agitation dans lequel se trouve notre esprit. Nous serons fortement tentés de suivre les différentes pensées qui surgissent, mais il faut y résister et rester concentrés en un seul point sur la sensation du souffle. Si nous découvrons que notre esprit vagabonde et suit nos pensées, il faut immédiatement le ramener sur le souffle. Il faut répéter ce processus autant de fois qu'il est nécessaire, jusqu'à ce que l'esprit se stabilise sur la respiration.

Si nous pratiquons ainsi avec patience, les pensées distrayantes diminueront progressivement et nous éprouverons un sentiment de paix intérieure et de détente. Notre esprit se sentira lucide et spacieux, et nous nous sentirons rafraîchis. Quand la mer est houleuse, le sédiment est brassé et l'eau devient trouble, mais quand le vent tombe, la boue se dépose lentement et l'eau devient claire. De la même manière, quand nous réussissons, grâce à la concentration sur la respiration, à calmer le flot incessant de nos distractions, notre esprit devient singulièrement clair et lucide. Il est bon de rester dans cet état de calme mental pendant un moment.

Même si la méditation sur la respiration n'est qu'une étape préliminaire de la méditation, elle peut être assez puissante. Cette pratique nous montre que le simple contrôle de l'esprit nous permet de connaître la paix intérieure et le contentement, sans avoir à dépendre d'aucune manière des conditions extérieures. Quand la turbulence des pensées distrayantes s'apaise et que notre esprit se calme, un bonheur et un contentement profonds se produisent naturellement de l'intérieur. Ce sentiment de contentement et de bien-être nous aide à faire face à l'agitation et aux difficultés de la vie de tous les jours. Le stress et les tensions que nous éprouvons en temps normal proviennent en grande partie de notre esprit, et bon nombre de nos problèmes, y compris les problèmes de santé, sont causés ou aggravés par ce stress. En ne méditant que dix ou quinze minutes par jour sur la respiration, nous serons en mesure de diminuer ce stress. Notre esprit se sentira calme et spacieux et beaucoup de nos problèmes habituels disparaîtront. Nous ferons plus facilement face aux situations difficiles, nous nous sentirons naturellement chaleureux et bien disposés envers les autres, et nos relations s'amélioreront progressivement.

Il est bon de s'entraîner à cette méditation préliminaire jusqu'à en obtenir une certaine expérience. Si nous voulons atteindre une paix intérieure permanente et stable, et si nous voulons être complètement libérés des problèmes et de la souffrance, nous avons toutefois besoin d'aller plus loin que la simple méditation sur la respiration, pour aborder des formes de méditation plus efficaces, telles que le cycle des vingt et une méditations expliquées dans *Le manuel de méditation*. Pour pratiquer ces méditations, commençons par calmer notre esprit avec la méditation sur la respiration, puis continuons avec les étapes des méditations analytique et placée, en suivant les instructions données pour chaque méditation. Quelques-unes de ces méditations vont être présentées dans ce livre.

Bouddha Glorieuse Excellence

Bouddha Glorieux Bois de Santal

Bouddha Splendeur Sans Fin

La mort

Chacun de nous est conscient que, tôt ou tard, il mourra, mais cette prise de conscience n'est, pour la plupart d'entre nous, que superficielle. Au fond de nous, nous pensons habituellement que notre mort ne se produira que dans un futur lointain. Tacitement, nous gardons toujours la conviction profonde que nous n'allons pas mourir aujourd'hui. Même le jour de notre mort, nous penserons probablement que nous n'allons pas mourir et ferons des projets pour le lendemain ! Nous vivons comme si nous allions rester dans ce monde pour toujours. Nous consacrons, par conséquent, presque tout notre temps aux affaires de cette vie et pensons peu à ce qui se passera après la mort.

Préoccupés par des activités triviales et mondaines, nous gaspillons notre précieuse vie humaine. Au lieu de la consacrer à l'accomplissement de l'un des trois grands buts mentionnés plus haut, nous l'utilisons seulement pour obtenir de la nourriture, des vêtements et un abri, acquérir des biens matériels, nous complaire dans le sexe et d'autres plaisirs superficiels, et rechercher une promotion et une position sociale plus élevée. À cet égard, nous ne sommes pas différents des animaux qui cherchent de la nourriture, construisent des abris, se reproduisent, protègent leur territoire et rivalisent pour la suprématie dans la horde ou le troupeau.

Une vie humaine comme la nôtre est extrêmement rare et difficile à obtenir. C'est une grande tragédie si, au lieu de la consacrer à notre progrès spirituel, nous la gaspillons en vivant comme un animal. La meilleure façon d'éviter de gaspiller notre précieuse vie est d'être pleinement conscient de notre impermanence, en méditant sur la mort.

La méditation sur la mort familiarise notre esprit avec trois pensées :

1 Il est certain que je mourrai.
2 Le moment de ma mort est tout à fait incertain.
3 Au moment de ma mort et après ma mort, seule la pratique du dharma m'aidera.

Il est nécessaire de méditer encore et encore sur ces pensées, en méditation analytique, jusqu'à ce que nous les ressentions profondément et qu'elles affectent notre mode de vie. Pour nous familiariser avec la première pensée, contemplons ces trois raisonnements :

1 Il est certain que je mourrai car il n'y a aucun moyen d'empêcher mon corps de périr.
2 Jour après jour, moment après moment, ma vie s'en va.

3 Ma mort viendra, que j'aie pris ou non le temps de pratiquer le dharma.

En contemplant ces points, nous arrivons à cette conclusion claire « Il est certain que je mourrai », et nous méditons sur cette conclusion en méditation placée.

Puis nous contemplons les trois points suivants :

1 Je ne sais pas du tout quand je vais mourir. Je peux bien être jeune et en bonne santé, mais cela ne veut pas dire que je ne vais pas mourir bientôt. Beaucoup de jeunes meurent avant leurs parents. Rien n'est certain dans ce monde.
2 Il y a de nombreuses causes de mort prématurée. Par exemple, beaucoup de gens forts et bien portants meurent dans des accidents imprévus.
3 Le corps humain est extrêmement fragile, même de minuscules objets peuvent le détruire.

En contemplant ces points, nous réaliserons que le moment de notre mort est complètement incertain et que nous n'avons absolument aucune garantie de ne pas mourir aujourd'hui. Lorsque nous en sommes convaincus, répétons-nous mentalement à maintes reprises « Je peux mourir aujourd'hui, je peux mourir aujourd'hui », et concentrons-nous sur le sentiment que cela évoque en nous.

Nous contemplons ensuite les trois points suivants :

1 Au moment de ma mort, ma fortune et mes possessions ne me serviront à rien.
2 Au moment de ma mort, ma famille et mes amis ne pourront pas m'aider.

3 Au moment de ma mort, même mon corps ne me sera d'aucune utilité.

En contemplant ces points, nous réalisons qu'au moment de notre mort et après notre mort, seule la pratique du dharma nous aidera, et nous méditons sur cette conclusion.

Pour conclure notre contemplation, nous prenons les trois résolutions suivantes :

Je vais pratiquer le dharma.
Je vais pratiquer le dharma maintenant.
Je vais pratiquer le dharma avec pureté.

Nous méditons sans distraction, le plus longtemps possible, sur ces déterminations. Il faut mettre ces résolutions en pratique et les intégrer dans notre vie de tous les jours. En faisant cela, nous pouvons nous protéger des dangers d'une renaissance inférieure, atteindre la cessation permanente de toute souffrance et même accomplir la pleine illumination.

Le mode de vie bouddhiste

Le fait de jouir d'une naissance humaine dans cette vie ne signifie pas que nous serons toujours un être humain. Tant que notre esprit ne sera pas complètement purifié, il est tout à fait possible qu'après notre mort nous renaissions sous la forme d'un animal, d'un esprit affamé ou d'un être de l'enfer. Toutefois, si nous nous en remettons avec sincérité à Bouddha, au dharma et à la sangha, nous nous protégerons d'une renaissance inférieure et de tous les autres dangers.

Bouddha, le dharma et la sangha sont appelés les « trois joyaux » parce qu'ils sont très précieux. Si nous réalisons le danger dans lequel nous nous trouvons, que nous développons une confiance totale en le pouvoir de protection des trois joyaux, et que nous devenons ensuite déterminés à nous en remettre du fond du cœur aux trois joyaux pour le reste de notre vie, nous entrons, à ce moment-là, dans la voie bouddhiste et devenons un bouddhiste. Nous avons alors la possibilité d'accomplir toutes les réalisations spirituelles de la voie bouddhiste, depuis la réalisation de s'en remettre à un guide spirituel jusqu'à la voie au-delà de l'étude, ou bouddhéité.

Nous voyons donc qu'il existe deux causes principales pour prendre refuge en les trois joyaux : comprendre le danger que nous courons, et développer la conviction que les trois joyaux ont le pouvoir de nous protéger de ce danger. Pour générer la première cause dans notre esprit, il faut que nous soyons convaincus de la possibilité de renaître sous la forme d'un animal, d'un esprit affamé ou d'un être de l'enfer. Le raisonnement suivant peut nous conduire à cette conviction. Lorsque nous mourons, notre esprit doit quitter notre corps actuel, qui n'est qu'une demeure provisoire et trouver un autre corps, un peu comme un oiseau quitte un nid pour voler vers un autre nid. Notre esprit n'a ni la liberté de rester, ni le choix de sa destination. Nous sommes poussés vers le lieu de notre prochaine renaissance par les vents de notre karma. Si le karma qui mûrit au moment de notre mort est négatif, il est certain que nous renaîtrons dans un règne inférieur. Un lourd karma négatif est la cause d'une renaissance en enfer, un karma moins négatif celle d'une renaissance en tant qu'esprit affamé, et le karma le moins négatif celle d'une renaissance en tant qu'animal.

Il est très facile de créer un lourd karma négatif. Par exemple, rien qu'en écrasant un moustique dans un moment de colère, nous créons la cause d'une renaissance en enfer. Pendant cette vie et au cours de nos innombrables vies précédentes, nous avons commis beaucoup d'actions extrêmement négatives. Si nous n'avons pas déjà purifié ces actions par la pratique d'une confession sincère, leurs potentialités négatives restent dans notre continuum mental et l'une ou l'autre d'entre elles peut mûrir au moment de notre mort. Conscients de cela, nous pensons :

> *Si je meurs aujourd'hui, où serai-je demain ? Il est tout à fait possible que je me retrouve dans le règne des animaux, parmi les esprits affamés ou en enfer. Si aujourd'hui quelqu'un me traitait d'âne stupide, je trouverais cela difficile à supporter, mais que ferais-je si je devenais vraiment un âne, un cochon ou un poisson ?*

Contemplons ces pensées jusqu'à ce qu'elles produisent en nous une grande peur de renaître dans les règnes inférieurs. Cette peur est la première cause principale de la prise de refuge en les trois joyaux. Nous trouverons d'autres raisonnements qui établissent la possibilité de renaître dans les règnes inférieurs dans *La voie joyeuse*.

Pour développer l'autre cause principale de la prise de refuge – la conviction que Bouddha, le dharma et la sangha ont le pouvoir de protéger parfaitement les êtres vivants d'une renaissance inférieure – contemplons ce qui suit. Le dharma est le véritable refuge. Comme il a été mentionné plus haut, le dharma est l'enseignement de Bouddha et notre propre expérience intérieure de cet enseignement. C'est notre dharma, c'est-à-dire nos propres réalisations spirituelles, qui nous protège directement d'une renaissance dans les règnes inférieurs. Comment est-ce possible ? La cause d'une renaissance inférieure, ce sont les actions négatives que nous commettons parce que notre esprit est sous l'influence des perturbations mentales. En pratiquant les enseignements de Bouddha, nous nous familiarisons avec des états d'esprit vertueux particuliers, qui s'opposent directement à ces perturbations mentales. Au fur et à mesure que nos états d'esprit vertueux se renforcent, nos perturbations mentales s'affaiblissent naturellement. Lorsque, par exemple, notre expérience de l'amour augmente, notre haine diminue, et si notre capacité de nous réjouir de la bonne fortune des autres s'améliore, notre jalousie décroît. Lorsque nos états d'esprit négatifs s'affaiblissent, nous cessons de créer le karma négatif qui est la cause de la renaissance dans les règnes inférieurs. Voilà comment notre expérience intérieure du dharma nous protège du danger des renaissances inférieures.

Si nous nous entraînons aux pratiques bouddhistes plus avancées, décrites plus loin dans ce livre, et particulièrement à la sagesse qui réalise la vacuité, nous obtiendrons finalement une expérience directe de la vérité ultime, la vacuité, et éliminerons ainsi toutes nos perturbations mentales de façon permanente. Lorsque notre esprit sera complètement libéré de ces perturbations mentales, nous serons libérés pour toujours de toutes les souffrances.

Alors que le dharma est le véritable refuge, Bouddha est la source de tout refuge. Il est le guide spirituel suprême qui nous montre la manière d'atteindre les réalisations du dharma, et soutient notre pratique spirituelle en nous accordant ses bénédictions. La sangha est l'assemblée des amis spirituels suprêmes qui nous soutiennent dans notre pratique du dharma. Ils nous fournissent des conditions favorables, nous aident dans notre pratique et nous donnent un bon exemple. Seuls les trois joyaux ont la capacité de protéger les êtres vivants de toute souffrance.

Si nous contemplons attentivement ces points, nous acquerrons la profonde conviction que Bouddha, le dharma et la sangha ont le pouvoir de protéger parfaitement les êtres vivants des renaissances inférieures, de la peur et de la souffrance. Cette conviction est la deuxième cause principale de la prise de refuge. Avec ces deux causes principales fermement établies dans notre esprit, prions chaque jour les trois joyaux en récitant la prière de refuge suivante :

Vous tous, bouddhas, bodhisattvas et êtres saints,
S'il vous plaît, protégez-moi, ainsi que tous les êtres vivants,
Des diverses souffrances, peurs et dangers du samsara.
Et bénissez, s'il vous plaît, notre corps et notre esprit.

Dans cette prière, « bouddhas » se rapporte au bouddha-joyau et « bodhisattvas et êtres saints » au sangha-joyau, l'assemblée des êtres supérieurs qui ont réalisé la vérité ultime directement. Quand nous récitons ce verset, nous imaginons Bouddha Shakyamouni en personne, en face de nous, entouré par tous les bouddhas et bodhisattvas comme la pleine lune entourée d'étoiles. Nous avons alors la forte conviction que tous ces êtres saints sont véritablement présents devant nous et développons en eux une foi profonde.

Lorsque nous récitons les mots « S'il vous plaît, protégez-moi » en nous concentrant sur leur signification, nous familiarisons notre esprit avec le renoncement, le désir de nous libérer des diverses souffrances, peurs et dangers du samsara. Quand nous récitons « ainsi que tous les êtres vivants », nous familiarisons notre esprit avec la grande compassion, le désir de délivrer tous les autres êtres vivants de ces souffrances, peurs et dangers. En récitant la dernière ligne, nous faisons la requête aux bouddhas, bodhisattvas et autres êtres saints, de nous bénir afin que les réalisations du renoncement et de la grande compassion grandissent dans notre esprit. Ces réalisations sont des dharma-joyaux.

En résumé, lorsque nous récitons ce verset en contemplant sa signification, nous établissons dans notre esprit ces dharma-joyaux spéciaux, que sont les réalisations du renoncement et de la grande compassion, en recevant les bénédictions du bouddha-joyau et du sangha-joyau. C'est la signification réelle de la prise de refuge en les trois joyaux. Si nous parvenons à nous souvenir de cette pratique au moment de la mort, il est certain que nous serons protégés d'une renaissance dans les règnes inférieurs.

La fondation du mode de vie bouddhiste, c'est prendre refuge en les trois joyaux chaque jour du plus profond de notre cœur, et observer avec pureté les douze engagements de la prise de refuge. Ceux-ci sont expliqués dans l'appendice I. La signification essentielle de ces engagements est d'avoir une foi et une confiance totales en les trois joyaux, et de vivre en accord avec les lois du karma – abandonner les actions non vertueuses, telles que tuer et voler, et pratiquer les actions vertueuses, telles que ressentir toujours de la compassion à l'égard des êtres humains et des animaux. Toute personne qui désire suivre la voie bouddhiste devrait se familiariser entièrement avec ces douze engagements.

DEUXIÈME PARTIE

La voie de la libération

Bouddha Glorieuse Lumière

Bouddha Être Glorieux sans Tristesse

Bouddha Fils sans Avidité

Qu'est-ce que la libération ?

La libération est une paix intérieure permanente que l'on atteint en abandonnant totalement les perturbations mentales. Quand notre esprit est complètement libéré des perturbations mentales par la pratique des voies de la libération, la nature ultime de notre esprit devient une libération, ou un nirvana. À partir de ce moment-là, nous sommes libérés du samsara et de toutes ses souffrances. Nous sommes devenus un destructeur de l'ennemi, une personne qui a détruit ces ennemis intérieurs : l'attachement, la haine et l'ignorance de saisie du soi.

Comme il a été mentionné précédemment, quarante-neuf jours après que Bouddha eut atteint l'illumination, Brahma et Indra le prièrent de tourner la roue du dharma. Le premier enseignement que Bouddha a donné fut le *Soutra des quatre nobles vérités* dans lequel il a expliqué les vraies souffrances, les vraies origines, les vraies cessations et les vraies voies. Une renaissance samsarique, telle que notre renaissance actuelle, est appelée « vraie souffrance » parce qu'elle est la base de toutes les autres souffrances et de toutes les perturbations mentales. Les perturbations mentales et les actions motivées par celles-ci sont appelées « vraies origines » parce qu'elles constituent l'origine, ou la source, de toutes les souffrances. La libération est appelée une « vraie cessation » parce qu'elle est une cessation permanente des perturbations mentales et des souffrances. Les voies qui mènent à la libération sont appelées « vraies voies » parce qu'en les suivant nous atteignons les « vraies cessations ». Bouddha a dit :

Il faut connaître les souffrances.
Il faut abandonner les origines.
Il faut atteindre les cessations.
Il faut méditer sur les voies.

Cela signifie qu'il faut d'abord comprendre que la renaissance samsarique a la nature de la souffrance et développer le renoncement à son égard. Il faut ensuite abandonner les perturbations mentales et les actions négatives qui sont la source, ou l'origine, de la renaissance samsarique et de toutes ses souffrances, et donner un sens à notre vie humaine en atteignant la libération. Pour atteindre cette cessation permanente de la souffrance, nous devons pratiquer les voies de la libération.

Nous pouvons comprendre et pratiquer les quatre nobles vérités à de nombreux niveaux différents. Toutes les pratiques du dharma sont, directement ou indirectement, comprises dans la pratique des quatre nobles vérités. Pour commencer, nous pouvons pratiquer les quatre nobles vérités en réfléchissant à la souffrance causée par la colère. La colère détruit à la fois la paix de l'esprit et la paix dans le monde. La colère est la cause principale des deux guerres mondiales et de toutes les autres guerres qui ont lieu aujourd'hui dans différentes parties du monde. À une plus petite échelle, la colère détruit nos relations personnelles, notre réputation et l'harmonie à l'intérieur des familles et des communautés. La plupart des disputes et des difficultés quotidiennes que nous avons dans notre famille, avec nos amis et collègues sont dues à la colère. La racine de tout notre bonheur futur ce sont nos potentialités karmiques vertueuses, l'énergie positive produite par les actions vertueuses passées que nous portons dans notre continuum mental. La colère détruit ces potentialités et nous prive ainsi des bons effets de nos actions vertueuses. De plus, en nous poussant à commettre des actions extrêmement négatives, la colère peut même nous jeter dans les feux de l'enfer dans les vies futures. Rien ne nous fait plus de mal que la colère.

Reconnaissant les terribles souffrances inutiles causées par la colère, apprenons à y renoncer, puis efforçons-nous d'abandonner leur cause, la colère elle-même, en pratiquant la patience. Nous pourrons de cette manière atteindre la cessation de la colère. Les souffrances causées par la colère sont de vraies souffrances, la colère elle-même est une vraie origine, la pratique de la patience est une pratique des vraies voies, et la cessation permanente de la colère est une vraie cessation. Nous pouvons appliquer les mêmes principes aux souffrances causées par l'attachement et l'ignorance.

Développer le renoncement

Où que nous naissions dans le samsara, même dans le règne des dieux le plus élevé, nous ne serons pas libérés de la souffrance. Le règne des humains n'est certainement pas exempt de souffrance. Il suffit de regarder autour de nous, de lire les journaux ou de regarder la télévision pour voir que les êtres humains éprouvent de terribles souffrances. Et même si nous réussissons à renaître dans les règnes supérieurs, cela ressemblera à de courtes vacances. Ensuite, nous redescendrons une fois de plus dans les règnes inférieurs où nous éprouverons des souffrances extrêmes pendant des périodes d'une durée inconcevable. Nous éprouvons toutes ces souffrances parce que nous sommes dans le samsara. Si nous contemplons cela en profondeur, nous réaliserons que si nous voulons une réelle liberté et un véritable bonheur, nous devons nous échapper du samsara.

Pour nous échapper du samsara, nous devons couper sa racine en éradiquant la saisie du soi de notre continuum mental. Pour y parvenir, il faut s'entraîner à la sagesse supérieure. Celle-ci dépend de l'entraînement à la concentration supérieure qui, à son tour, dépend de l'entraînement à la discipline morale supérieure. Ces trois entraînements sont appelés « entraînements supérieurs » parce qu'ils sont motivés par le renoncement. Par conséquent, pour s'échapper du samsara, la première étape consiste à développer le renoncement.

Nous développons le renoncement en contemplant les nombreux défauts du samsara, tels que ceux présentés ci-dessous. Nous pouvons nous demander pourquoi il est nécessaire de contempler des souffrances telles que la naissance, la vieillesse, la maladie et la mort, alors que nous avons déjà connu la première et que nous ne pouvons rien faire pour éviter les autres. En voici la raison : en méditant sur ces souffrances, nous allons réaliser que la nature même de l'existence samsarique est souffrance et que, jusqu'à ce que nous nous échappions du samsara, nous aurons à endurer les mêmes douleurs, vie après vie. Ceci induit un grand désir de s'échapper du samsara en abandonnant sa cause, la saisie du soi. Ce désir, c'est le renoncement.

Voici maintenant sept contemplations différentes sur les souffrances du samsara. Il n'est pas nécessaire de contempler tous ces aspects chaque fois que nous méditons. Il est préférable de contempler surtout les points qui ont le plus fort impact sur notre esprit et nous aident à développer le renoncement. Quand un sentiment de renoncement se manifeste avec force dans notre esprit, il faut cesser notre analyse et nous concentrer en un seul point sur ce sentiment le plus longtemps possible.

Dans ces contemplations, nous pensons aux différentes souffrances ressenties dans le règne des humains, mais souvenons-nous que les souffrances des autres règnes sont généralement bien pires.

LA NAISSANCE

Nous devons passer les neuf premiers mois de notre vie enfermés dans le ventre de notre mère. Au début, la croissance rapide de nos membres nous donne l'impression d'être étirés sur un chevalet de torture et, pendant les derniers mois de la grossesse, nous sommes comme compressés à l'intérieur d'un petit récipient plein de liquide sale. Nous sommes extrêmement sensibles à tout ce que fait notre mère. Lorsqu'elle court, par exemple, notre corps fragile est fortement secoué et, lorsqu'elle boit quelque chose de chaud, nous avons l'impression d'être échaudés par de l'eau bouillante. Pendant tout ce temps, nous sommes complètement seuls. Notre mère ne sait rien de la souffrance et de la peur que nous ressentons, et même si elle le savait elle serait incapable de nous aider.

Lorsque nous sortons finalement de son ventre, nous sommes comme poussés à travers une fente étroite entre deux pierres dures pour nous retrouver dans un monde rude et étranger. Nous avons oublié tout ce que nous savions dans notre vie précédente et n'avons aucun moyen de comprendre ce qui nous arrive maintenant. C'est comme si nous étions aveugles, sourds et muets. Notre peau est si tendre que même le plus doux des tissus nous semble abrasif. Quand nous avons faim, nous ne pouvons pas dire « J'ai besoin de nourriture » et quand nous avons mal, nous ne pouvons pas dire « Ça me fait mal ». Les seuls signes que nous pouvons faire sont de chaudes larmes et des gestes frénétiques. Nous sommes complètement impuissants et devons tout apprendre – comment manger, comment nous asseoir, comment marcher, comment parler.

LA VIEILLESSE

Devenir vieux, c'est perdre la vitalité de notre jeunesse. Nous devenons laids et voûtés, et sommes accablés par la maladie. Notre vue baisse et notre ouïe nous fait défaut. Des plaisirs comme la nourriture, la boisson et le sexe nous procurent moins de plaisir qu'auparavant. Nous nous sentons trop faibles pour jouer et souvent nous sommes même trop épuisés pour participer aux divertissements. Quand nous sommes jeunes, nous pouvons voyager dans le monde entier, mais lorsque nous sommes vieux, nous pouvons à peine marcher jusqu'à la porte de notre maison. Nous sommes trop faibles pour nous engager dans de nombreuses activités mondaines et nos activités spirituelles sont souvent restreintes. Nous ne pouvons, par exemple, ni faire de nombreuses prosternations ni voyager loin pour recevoir des enseignements. Si nous méditons, il nous est plus difficile d'obtenir des réalisations, car notre mémoire et notre concentration sont faibles, et que nous avons du mal à rester éveillés. Notre intellect est moins aiguisé que dans notre jeunesse et, lorsque nous essayons d'étudier, il nous faut beaucoup plus de temps pour comprendre les choses.

Incapables de faire le travail que nous avions l'habitude de faire, ou d'aider les autres comme nous le souhaiterions, nous commençons à nous sentir inutiles dans la société et nous perdons le respect de nous-mêmes. Souvent, nos propres enfants nous négligent et nous sommes les témoins impuissants de nos amis et contemporains qui tombent malades les uns après les autres et meurent. Notre solitude s'accroît inexorablement. Si nous n'avons pas pratiqué le dharma alors que nous étions plus jeunes et en avions la possibilité, nous passons le peu d'années qu'il nous reste dans une peur croissante de la mort et une sensation grandissante de regret d'avoir gaspillé notre vie.

LA MALADIE

Étant né humain, il nous est presque impossible d'échapper à la maladie au cours de notre vie. Quand nous tombons malades, nous sommes comme un oiseau qui, après s'être élevé dans le ciel, est subitement abattu. Lorsqu'un oiseau est touché, il tombe droit vers le sol comme un morceau de plomb, et toute sa gloire et son pouvoir sont immédiatement anéantis. Même une légère maladie peut nous handicaper complètement. Nous n'apprécions plus nos plats préférés et nous ne pouvons pas prendre part aux activités de nos amis. On va peut-être nous dire que nous ne pouvons plus jamais manger notre nourriture favorite, boire d'alcool ou nous livrer à des exercices fatigants. Si notre maladie est plus sérieuse, il se peut que nous devions subir des opérations douloureuses et probablement risquées. Si elles échouent, on nous dira que les médecins ne peuvent plus rien faire pour nous guérir et qu'il ne nous reste que peu de temps à vivre. Si nous n'avons pas utilisé notre vie pour pratiquer le dharma, nous serons accablés de peur et de regret.

Une maladie dégénérative incurable peut frapper des jeunes gens dans la fleur de l'âge, et bien qu'ils restent encore en vie pendant des années, ce sera pour être témoin de leur lente dégradation. Lorsqu'ils comprendront que leurs espoirs et leurs rêves les plus chers ne se réaliseront jamais, ils désireront peut-être mourir plus vite. Quand nous entendons ou lisons les horribles histoires de maladies vécues par d'autres personnes, nous devons nous rappeler que la même chose pourrait bien nous arriver. Tant que nous demeurerons dans le samsara, nous ne serons jamais à l'abri de la menace de la maladie.

LA MORT

Si nous avons travaillé dur au cours de notre vie pour acquérir des biens et que nous y sommes devenus très attachés, nous éprouverons une grande souffrance lorsque nous en serons séparés au moment de la mort. Maintenant, nous avons même beaucoup de mal à prêter aux autres un seul de nos objets favoris, et ne parlons pas de le donner. Il n'est pas étonnant que nous soyons si malheureux lorsque nous réalisons qu'entre les mains de la mort, nous devons tout abandonner.

Lorsque nous mourons, nous devons nous séparer même de nos amis les plus proches. Nous devons quitter notre partenaire, même si nous avons vécu ensemble pendant de nombreuses années sans jamais nous séparer une seule journée. Si nous sommes très attachés à nos amis, nous éprouverons une grande détresse au moment de la mort, mais nous ne pourrons faire qu'une seule chose, tenir leurs mains. Nous ne pourrons pas arrêter le processus de la mort, même s'ils nous supplient de ne pas mourir. D'habitude, lorsque nous sommes très attachés à quelqu'un, nous sommes jaloux s'il nous laisse seul pour passer du temps avec quelqu'un d'autre, mais quand nous mourrons, nous devrons laisser nos amis avec les autres pour toujours. Si nous avons des enfants, nous devrons les quitter. Nous devrons quitter aussi nos amis spirituels et toutes les personnes qui nous ont aidés dans cette vie.

Lorsque nous mourrons, nous devrons laisser derrière nous ce corps que nous avons chéri et protégé de tant de manières. Il deviendra aussi vide d'esprit qu'une pierre et sera enterré ou incinéré. Au moment de la mort, si nous n'avons pas pratiqué le dharma et si nos actions n'ont pas été vertueuses, nous éprouverons peur et détresse, ainsi que des douleurs physiques.

DEVOIR NOUS SÉPARER DE CE QUE NOUS AIMONS

Avant la séparation finale de la mort, nous devons souvent nous séparer temporairement des personnes et des choses que nous aimons. Il se peut que nous devions quitter notre pays, où vivent tous nos amis et notre famille, ou abandonner le travail que nous aimons. Nous pouvons perdre notre bonne réputation. Dans la vie, nous souffrons souvent de devoir quitter des personnes que nous aimons, ou de devoir perdre ou renoncer à des choses qui nous réjouissent et nous plaisent mais, lorsque nous mourons, nous devons nous séparer pour toujours de tous nos compagnons et de tous les plaisirs de cette vie.

DEVOIR RENCONTRER CE QUE NOUS N'AIMONS PAS

Nous sommes souvent forcés de vivre ou de travailler avec des personnes que nous trouvons désagréables, comme celles qui nous critiquent sans raison ou interfèrent continuellement avec nos désirs. Parfois, nous nous trouvons dans des situations très dangereuses, telles qu'un incendie ou un tremblement de terre, ou nous sommes attaqués par un voleur ou un violeur. Si notre pays entre en guerre, nous serons peut-être appelés à combattre et serons emprisonnés si nous refusons. Notre maison sera peut-être bombardée et notre famille tuée. Notre vie est pleine de situations moins extrêmes, mais néanmoins contrariantes. Il a plu pendant nos vacances, mais, de retour au bureau, la chaleur est étouffante. Nous ne réussissons pas dans le monde des affaires, nous perdons notre travail, ou nous dépensons toutes nos économies. Nous nous disputons avec notre partenaire, nos enfants nous causent beaucoup de soucis et des amis de longue date se retournent soudainement contre nous. Quoi que nous fassions, il y a toujours quelque chose qui semble aller mal. Même dans notre pratique du dharma, nous rencontrons constamment des obstacles. Quand nous nous asseyons pour méditer, nous sommes distraits par les bruits extérieurs, le téléphone sonne ou quelqu'un vient nous voir. Il nous semble parfois que, bien que nous ayons pratiqué le dharma pendant des années, nos perturbations mentales sont plus fortes que jamais. Bien que nous nous efforcions toujours d'avoir de la considération pour les autres, notre famille ou nos amis sont parfois irrités par notre pratique du dharma. C'est comme si nous vivions dans un buisson épineux – chaque fois que nous essayons de nous installer plus confortablement, les épines nous transpercent encore plus profondément. Dans le samsara, l'irritation et la frustration constituent l'état naturel des choses.

L'INCAPACITÉ DE SATISFAIRE NOS DÉSIRS

Nous avons d'innombrables désirs. Beaucoup ne seront jamais satisfaits et d'autres, quand ils le sont, ne nous apportent pas la satisfaction que nous espérions. Beaucoup de gens sont incapables de satisfaire même leurs modestes désirs pour les nécessités de base de la vie, telles qu'une nourriture appropriée, des vêtements, un abri, de la compagnie, un travail supportable, ou un certain degré de liberté personnelle. Malheureusement, même si ces besoins de base sont satisfaits, nos désirs ne s'arrêtent pas là. Très vite nous avons besoin d'une voiture, d'une maison plus luxueuse, d'un travail mieux payé. Autrefois, de simples vacances au bord de la mer pouvaient nous satisfaire, mais il nous en faut toujours plus et maintenant nous avons besoin de vacances coûteuses à l'étranger.

L'ambition et l'esprit de compétition sont une cause courante d'insatisfaction. L'écolier ambitieux n'est pas content tant qu'il n'est pas le premier de la classe et l'homme d'affaires tant qu'il n'a pas fait fortune. Il est clair que tout le monde ne peut pas atteindre le sommet. Pour qu'une personne gagne, d'autres doivent perdre. Mais même les gagnants sont rarement longtemps satisfaits, leur ambition les pousse jusqu'à ce qu'ils soient eux-mêmes battus, épuisés ou morts.

Une autre raison pour laquelle nous ne réussissons pas à satisfaire tous nos désirs est qu'ils sont souvent contradictoires. Par exemple, nous désirons à la fois le succès mondain et une vie simple, la gloire et une vie privée, une nourriture riche et rester mince, ou l'aventure et la sécurité. Nous voudrions toujours en faire à notre tête et être quand même populaires, ou nous désirons des réalisations du dharma et aspirons néanmoins à une bonne réputation et à des richesses matérielles. Nos désirs impliquent souvent d'autres personnes et créent ainsi des complications supplémentaires. Beaucoup de relations sont brisées à cause de désirs et d'espérances irréalistes.

Nous cherchons la perfection – la société parfaite, la maison parfaite, le partenaire parfait – mais on ne peut pas trouver la perfection dans le samsara. Le samsara promet beaucoup, mais n'offre jamais de réelle satisfaction. Il est impossible que des objets impurs et éphémères procurent la joie durable que nous recherchons. Celle-ci ne peut être atteinte qu'en purifiant entièrement notre esprit. L'ignorance est certes la cause fondamentale du samsara, mais les désirs mondains sont le carburant qui le perpétue. Il est nécessaire, par conséquent, de réduire nos désirs mondains en reconnaissant leurs défauts.

En contemplant ces sept types de souffrance, nous en viendrons à cette conclusion :

Dans le passé, j'ai enduré bien des fois ces souffrances et, si je n'atteins pas la libération, à l'avenir j'aurai à les endurer encore et encore. Par conséquent, je dois m'échapper du samsara.

Lorsque cette pensée apparaît avec clarté et netteté dans notre esprit, nous méditons sur elle le plus longtemps possible.

Si nous faisons cette méditation encore et encore, le désir d'atteindre la libération du samsara se manifestera finalement spontanément, jour et nuit. À ce moment-là, nous aurons effectivement réalisé le renoncement et nous entrerons dans la véritable voie de la libération. Chaque action motivée par le renoncement est une cause qui permet d'atteindre la libération.

Si nous avons une certaine expérience du renoncement, nous pouvons transformer nos activités quotidiennes en la voie de la libération, en maintenant l'intention de venir en aide aux autres, et en dédiant mentalement la vertu de nos actions à notre propre libération du samsara, et à celle des autres. Quand nous rencontrons des circonstances difficiles ou que nous voyons que d'autres éprouvent des difficultés, utilisons ces expériences pour nous remémorer les inconvénients du samsara. Quand les choses vont bien, il ne faut pas nous laisser duper, mais nous rappeler que les plaisirs samsariques sont de courte durée, et qu'ils nous prennent au piège si nous nous y attachons. De cette manière, nous pouvons utiliser toutes nos expériences quotidiennes afin de prendre avec plus de fermeté la décision de nous échapper du samsara et d'atteindre la libération.

Les trois entraînements supérieurs

Comme il a été mentionné auparavant, les véritables voies qui mènent à la libération du samsara sont les trois entraînements supérieurs : la discipline morale supérieure, la concentration supérieure et la sagesse supérieure. Ces entraînements sont appelés « supérieurs » parce qu'ils sont pratiqués avec la motivation de renoncement. Pour atteindre la libération, il est nécessaire d'abandonner la saisie du soi, la racine du samsara, en atteignant une sagesse spéciale qui réalise directement la vacuité, ou non-soi. Cet accomplissement dépend d'un type particulier de concentration appelé « calme stable » qui, à son tour, dépend d'une discipline morale pure. La discipline morale nous aide à pacifier nos distractions, qui sont l'obstacle principal à l'accomplissement de la concentration du calme stable. Le calme stable rend notre esprit stable, lucide et puissant ; et la sagesse qui réalise la vacuité est un opposant direct à l'ignorance de saisie du soi. Par conséquent, si nous pratiquons la discipline morale, la concentration et la sagesse, avec la motivation de renoncement,

Bouddha Fleur Glorieuse

Bouddha Qui Connaît
Clairement par la Jouissance
d'un Rayonnement Pur

Bouddha Qui Connaît
Clairement par la Jouissance
du Rayonnement du Lotus

il est certain que nous parviendrons à détruire notre saisie du soi et à atteindre la libération du samsara.

L'ENTRAÎNEMENT À LA DISCIPLINE MORALE SUPÉRIEURE

D'une façon générale, la discipline morale est une détermination mentale vertueuse d'abandonner toute faute, ou bien une action corporelle ou verbale motivée par une telle détermination. Nous pratiquons la discipline morale chaque fois que nous mettons cette détermination en pratique. Si notre pratique de la discipline morale n'est pas motivée par le renoncement, elle sera la cause d'une renaissance supérieure à l'intérieur du samsara, telle que celle d'un être humain ou d'un dieu, mais si elle est motivée par le renoncement, elle nous conduira à la libération du samsara. C'est la raison pour laquelle la discipline morale, pratiquée avec la motivation de renoncement, est appelée « discipline morale supérieure » et constitue une voie qui mène véritablement à la libération. Les vœux de l'ordination, les vœux du bodhisattva et les vœux tantriques, lorsqu'ils sont pratiqués avec pureté, font partie de l'entraînement à la discipline morale supérieure. Tous sont des voies qui mènent à la libération.

L'ENTRAÎNEMENT À LA CONCENTRATION SUPÉRIEURE

La concentration pure est un esprit dont la nature est d'être placé en un seul point sur un objet vertueux et dont la fonction est d'empêcher les distractions. La concentration pratiquée avec la motivation de renoncement est une concentration supérieure et c'est une véritable voie qui mène à la libération. Chaque fois que nous pratiquons la méditation avec la motivation de renoncement, nous nous entraînons à la concentration supérieure.

Il existe de nombreux niveaux de concentration. C'est la concentration du calme stable qui nous permet d'atteindre une réalisation directe de la vacuité, la nature ultime de la réalité. Le calme stable est une concentration qui possède un type particulier de souplesse. On l'atteint en passant par neuf niveaux de concentration appelés les « neuf placements de l'esprit ». Lorsque nous avons atteint le calme stable, notre esprit est très stable, clair et puissant, ce qui nous permet d'atteindre très facilement les réalisations du dharma. *La voie joyeuse* explique, de manière détaillée, comment atteindre le calme stable.

L'ENTRAÎNEMENT À LA SAGESSE SUPÉRIEURE

D'une façon générale, la sagesse est un esprit vertueux dont la fonction principale est de dissiper le doute et la confusion en comprenant son objet à fond. Parmi tous les différents types de sagesse, celle qui réalise la vacuité – la nature ultime des phénomènes – est suprême. Chaque fois que nous méditons sur la vacuité avec la motivation de renoncement, nous nous entraînons à la sagesse supérieure. L'entraînement à la sagesse supérieure libérera finalement notre esprit de toutes les perturbations mentales, y compris l'ignorance de saisie du soi, et nous atteindrons la libération du samsara.

On dit qu'une personne qui pratique ces trois entraînements supérieurs « maintient le bouddhadharma au moyen de la réalisation ». Il y a deux manières de maintenir le bouddhadharma : au moyen des écritures et au moyen de la réalisation. Nous maintenons le bouddhadharma au moyen des écritures lorsque nous écoutons, lisons ou étudions le dharma, et nous le maintenons au moyen de la réalisation lorsque nous mettons véritablement ces instructions en pratique et obtenons des réalisations.

TROISIÈME PARTIE

La voie de l'illumination

Bouddha Glorieuse Richesse

Bouddha Glorieuse Vigilance

Bouddha Nom Glorieux de Grande Renommée

Devenir un bodhisattva

Nous avons vu que la manière la plus sensée d'utiliser notre précieuse vie humaine n'est pas d'atteindre la libération de la souffrance pour nous-mêmes, mais d'atteindre la grande illumination, ou bouddhéité, pour le bien de tous les êtres vivants. Pour y parvenir, nous devons suivre les enseignements mahayanas de Bouddha. Nous commençons par générer la motivation spéciale de bodhitchitta, puis nous adoptons le mode de vie du bodhisattva qui consiste à pratiquer les six perfections. Lorsque nous aurons finalement mené à terme cet entraînement, nous serons un être illuminé, un bouddha.

La bodhitchitta est un esprit primaire, motivé par la grande compassion, qui désire atteindre la pleine illumination pour le bien de tous les êtres vivants. Cet esprit exceptionnel ne se manifeste pas naturellement, mais doit être cultivé par la méditation durant une longue période. Par la force de l'habitude, il devient finalement spontané et se manifeste naturellement, jour et nuit, sans effort. À ce moment-là, nous devenons un bodhisattva, un être destiné à l'illumination.

Si nous nous entraînons à la bodhitchitta et pratiquons le mode de vie d'un bodhisattva, notre esprit sera finalement libéré des perturbations mentales et de leurs empreintes. Les perturbations mentales sont appelées « obstructions à la libération » parce qu'elles nous maintiennent dans le samsara. Les empreintes des perturbations mentales sont appelées « obstructions à l'omniscience » parce qu'elles nous empêchent d'atteindre une cognition directe et simultanée de tous les phénomènes. Lorsque notre esprit est complètement libéré de ces deux obstructions, sa nature ultime devient une pleine illumination, une grande libération, ou un grand nirvana, et nous-mêmes devenons un bouddha conquérant.

La racine de la bodhitchitta est la grande compassion, une compassion impartiale qui désire protéger de la souffrance tous les êtres vivants sans exception. Nous ne pouvons générer la grande compassion que si nous générons d'abord l'amour affectueux à l'égard de tous les êtres vivants. L'amour affectueux est un état d'esprit qui nous rapproche des autres et nous les rend chers. Si nous aimons les autres, nous ressentons naturellement de la compassion à leur égard lorsque nous sommes conscients de leur souffrance. Par conséquent, pour devenir un bodhisattva, nous devons d'abord générer l'amour affectueux à l'égard de tous les êtres vivants et générer ensuite la grande compassion et la bodhitchitta.

L'AMOUR AFFECTUEUX

Bouddha a enseigné que pour générer l'amour affectueux à l'égard de tous les êtres vivants il faut apprendre à les reconnaître comme étant nos mères et contempler leur bonté. Pour ce faire, contemplons ce qui suit. Étant donné qu'il est impossible de trouver un commencement à notre continuum mental, il s'ensuit que nous avons eu d'innombrables renaissances dans le passé et, si nous avons eu d'innombrables renaissances, nous avons dû avoir d'innombrables mères. Où sont maintenant toutes ces mères ? Ce sont tous les êtres qui vivent aujourd'hui.

Penser que nos mères des vies passées ne sont plus nos mères simplement parce qu'une longue période s'est écoulée depuis l'époque où elles prenaient effectivement soin de nous est un raisonnement incorrect. Si notre mère actuelle venait à mourir aujourd'hui, cesserait-elle d'être notre mère ? Non, nous continuerions de la considérer comme notre mère et de prier pour son bonheur. C'est la même chose pour toutes nos mères précédentes – elles sont mortes, mais elles restent cependant nos mères. C'est seulement parce que notre apparence extérieure a changé que nous ne pouvons pas nous reconnaître.

Dans notre vie de tous les jours, nous voyons beaucoup d'êtres vivants différents, humains et non humains. Nous considérons certains comme des amis, d'autres comme des ennemis et la plupart comme des inconnus. Ces distinctions sont faites par un esprit qui est dans l'erreur, elles ne sont pas vérifiées par un esprit valide. En résultat des différentes relations karmiques que nous avons eues dans le passé, certains êtres vivants nous apparaissent aujourd'hui attirants, certains déplaisants et d'autres ni particulièrement attirants ni particulièrement déplaisants. Nous avons tendance à accepter ces apparences sans les remettre en question, comme si elles étaient réellement vraies. Nous croyons que ceux que nous trouvons maintenant plaisants le sont de manière intrinsèque, alors que ceux que nous trouvons déplaisants sont effectivement déplaisants. Il est évidemment faux de penser ainsi. Si les personnes qui nous plaisent étaient intrinsèquement plaisantes, tous ceux qui les rencontrent les trouveraient plaisantes, et si celles qui nous déplaisent étaient intrinsèquement déplaisantes, tous ceux qui les rencontrent les trouveraient déplaisantes, mais ce n'est pas le cas. Par conséquent, il vaut mieux considérer tous les êtres vivants comme nos mères plutôt que de suivre des pensées aussi fallacieuses. À chaque rencontre, pensons : « Cette personne est ma mère. » Nous éprouverons ainsi le même sentiment chaleureux à l'égard de tous les êtres vivants.

Si nous considérons tous les êtres vivants comme nos mères, un amour pur et une compassion pure naîtront facilement dans notre cœur, nos relations quotidiennes deviendront pures et stables, et nous éviterons naturellement les actions négatives, telles que tuer ou faire du mal aux êtres vivants. Puisque c'est si bénéfique de considérer tous les êtres vivants comme nos mères, il convient d'adopter cette manière de penser sans hésitation.

Lorsque nous sommes convaincus que tous les êtres vivants sont nos mères, il faut contempler leur bonté. Quand nous avons été conçus, si notre mère n'avait pas voulu nous garder, elle aurait pu se faire avorter. Si elle l'avait fait, nous n'aurions pas maintenant cette vie humaine. Sa bonté nous a permis de rester dans son ventre, et ainsi nous jouissons maintenant d'une vie humaine et de tous ses avantages. Lorsque nous étions bébé, si elle n'avait pas pris soin de nous avec une attention constante, nous aurions sûrement eu un accident et aujourd'hui nous serions peut-être handicapés, infirmes ou aveugles. Heureusement notre mère ne nous a pas négligé. Jour et nuit, elle nous a soigné avec amour, considérant que nous étions plus importants qu'elle-même. Elle nous a sauvé la vie de nombreuses fois par jour. Pour s'occuper de nous, elle n'hésitait pas à se lever la nuit et le jour à renoncer à ses plaisirs habituels. Elle a dû quitter son travail et elle devait rester à la maison quand ses amis sortaient pour s'amuser. Elle dépensait tout son argent pour nous donner la meilleure nourriture et les plus beaux vêtements qu'elle était en mesure d'acheter. Elle nous a appris à manger, à marcher et à parler. Pour assurer notre bien-être futur, elle a fait de son mieux pour que nous recevions une bonne éducation. Grâce à sa bonté nous pouvons étudier maintenant ce que nous avons choisi, et c'est principalement grâce à la bonté de notre mère que nous avons maintenant la possibilité de pratiquer le dharma et finalement d'atteindre l'illumination.

Puisqu'il n'y a personne qui n'ait été notre mère à un moment ou à un autre au cours de nos vies passées et que, lorsque nous étions leur enfant, toutes ces mères nous ont traité avec la même bonté que notre mère actuelle, reconnaissons que tous les êtres vivants sont très bons.

La bonté des êtres vivants n'est pas limitée aux seules périodes au cours desquelles ils furent notre mère. C'est la bonté des autres qui nous procure continuellement tout ce dont nous avons besoin dans notre vie de tous les jours. Nous n'avons rien apporté avec nous de notre vie précédente, pourtant, dès notre naissance, nous avons reçu, grâce à la bonté des autres, un foyer, de la nourriture, des vêtements et tout ce dont nous avions besoin. Tout ce dont nous jouissons maintenant nous a été fourni par la générosité des autres, passée ou présente.

Nous pouvons utiliser beaucoup de choses sans avoir à faire nous-mêmes beaucoup d'efforts. Si nous considérons les routes, les voitures, les trains, les avions, les bateaux, les maisons, les restaurants, les hôtels, les bibliothèques, les hôpitaux, les magasins, l'argent et ainsi de suite, il est clair que beaucoup de personnes ont travaillé très dur pour les produire. Bien que nous ayons très peu ou pas du tout contribué à ces moyens, ils sont néanmoins tous à notre disposition. Cela nous montre la grande bonté des autres.

Ce sont les autres qui assurent notre éducation générale et notre entraînement spirituel. Et c'est grâce à leur bonté que nous obtiendrons toutes nos réalisations du dharma, depuis nos premières expériences jusqu'à l'accomplissement final de la libération et de l'illumination.

Si nous reconnaissons que tous les êtres vivants sont nos mères et que nous contemplons leur bonté, le même amour affectueux naîtra en nous pour chacun d'entre eux. Un jour, une femme a demandé au grand enseignant tibétain, Guéshé Potowa, ce qu'est l'amour affectueux et il a répondu : « Que ressens-tu lorsque tu vois ton propre fils ? Tu es enchantée de le voir et il te plaît. Si nous considérons tous les êtres de la même manière, si nous nous sentons proches d'eux et les gardons dans notre cœur, nous avons généré l'amour affectueux. »

Même si notre mère n'est pas très belle et ne s'habille pas d'une manière très élégante, à nos yeux elle est belle, parce que nous avons une bonne relation avec elle. Nous l'aimons et, si nous la voyons souffrir, nous ressentons naturellement de la compassion à son égard. L'amour affectueux, c'est avoir cette même attention et cette même tendresse à l'égard de tous les autres êtres vivants. Avec cet amour affectueux à l'égard de tous les êtres vivants, il est impossible d'être jaloux ou de se mettre en colère contre les autres. En devenant plus conscients de la bonté des autres, ce sentiment chaleureux et cette tendresse se manifesteront naturellement, et de cette façon nous allons chérir les autres. Même s'ils ont des défauts, nous percevrons leur beauté, comme une mère voit la beauté de ses enfants, quoi qu'ils fassent.

LA GRANDE COMPASSION

La grande compassion est le désir spontané de libérer tous les êtres vivants des souffrances du samsara. Lorsque nous avons généré l'amour affectueux à l'égard de tous les êtres vivants et que nous voyons qu'ils sont prisonniers du samsara, rencontrant problème après problème, il est facile d'éprouver de la compassion pour eux. Nous avons déjà appris à renoncer au samsara en contemplant les sept types de souffrance, depuis celle de la naissance jusqu'à l'incapacité de satisfaire nos désirs. Si maintenant nous nous rappelons ces contemplations et les appliquons aux autres, nous allons réaliser que tous les êtres vivants éprouvent d'insupportables souffrances. Contemplons leurs souffrances jusqu'à ce qu'un fort sentiment de compassion à l'égard de tous les êtres vivants naisse dans notre cœur. Méditons ensuite sur ce sentiment sans nous laisser distraire.

LA BODHITCHITTA

Lorsque nous avons généré la grande compassion à l'égard de tous les êtres vivants, nous pensons :

> *Je veux libérer tous les êtres vivants du samsara, mais comment puis-je le faire ? Tant que je resterai dans le samsara, je n'aurai pas le pouvoir de les aider. Je n'arrive même pas à résoudre tous mes propres problèmes, alors ne parlons pas des problèmes de tous les êtres vivants. Seul un bouddha a le pouvoir de protéger tous les êtres vivants et de leur offrir un bonheur non contaminé. Pour accomplir mon désir de libérer tous les êtres vivants de la souffrance, je vais par conséquent devenir un bouddha.*

Nous méditons sur cette pensée encore et encore jusqu'à ce qu'elle se manifeste spontanément, jour et nuit, dans notre esprit. C'est alors que nous aurons effectivement réalisé la bodhitchitta et que nous serons un bodhisattva, un fils ou une fille des bouddhas. Le simple désir de devenir un bouddha pour le bien de tous les êtres vivants est appelé la « bodhitchitta qui aspire ». Lorsque par la suite nous promettons du fond du cœur d'adopter le mode de vie d'un bodhisattva en pratiquant les six perfections, notre bodhitchitta qui aspire se transformera en bodhitchitta qui s'engage.

Le mode de vie du bodhisattva

Nous adoptons le mode de vie du bodhisattva en pratiquant les six perfections : les perfections du don, de la discipline morale, de la patience, de l'effort, de la stabilisation mentale et de la sagesse. Ces perfections sont la véritable voie qui mène à la bouddhéité. Si nous désirons atteindre l'illumination mais que nous ne pratiquons pas les six perfections, nous sommes comme quelqu'un qui veut aller quelque part mais ne se met jamais en route. Les bodhisattvas ont deux tâches principales à accomplir : venir en aide aux autres dès maintenant et atteindre la pleine illumination pour être capables de venir en aide à tous les êtres vivants à l'avenir. La pratique des six perfections, qui vont maintenant être expliquées en détail, permet d'accomplir ces deux tâches.

LA PERFECTION DU DON

Le don est l'intention mentale vertueuse de donner, ou l'action de donner, corporelle ou verbale, motivée par un état d'esprit vertueux. Le don pratiqué avec la motivation de bodhitchitta est une perfection du don. Il y a trois types de don :

1 Le don de biens matériels
2 Le don du dharma
3 Le don de la non-peur

Le don de biens matériels

Pour pratiquer le don de biens matériels, commençons par contempler les inconvénients de l'avarice et les bienfaits du don, puis engageons-nous dans la pratique proprement dite du don aux autres. Bouddha nous enseigne, dans le *Soutra condensé de la perfection de la sagesse,* que l'avarice conduit à la pauvreté et à une renaissance en tant qu'esprit affamé. Même dans cette vie l'avarice nous fait souffrir. C'est un état d'esprit mesquin et inconfortable qui conduit à l'isolement et à l'impopularité. Le don par contre est un état d'esprit joyeux qui nous fera connaître à l'avenir la richesse et des ressources abondantes.

Il n'y a pas de raison de s'attacher fortement à ses biens, car la richesse n'a de sens que lorsqu'elle est donnée ou utilisée pour faire du bien aux autres. Puisqu'au moment de la mort, il faudra nous séparer de tous nos biens, sans en avoir le choix, il vaut mieux nous en séparer maintenant et tirer ainsi un bénéfice de les avoir possédés. En plus de cela, un fort attachement à nos biens au moment de la mort nous empêchera d'avoir une mort paisible et peut même nous empêcher de prendre une renaissance heureuse.

Quand nous partons en vacances, nous veillons à emporter assez d'argent pour assurer toutes nos dépenses, mais n'est-il pas bien plus important de nous assurer d'avoir suffisamment de vertu, ou mérite, pour nous procurer tout ce dont nous aurons besoin dans notre voyage vers nos prochaines vies ? Notre pratique du don est la meilleure assurance contre la pauvreté future.

Il ne faut donner nos biens qu'au bon moment, c'est-à-dire lorsque cela ne fera pas entrave à notre pratique spirituelle ni ne mettra notre vie en danger, et que la personne à qui nous les donnons en recevra un grand bienfait. Sinon, il ne faut pas donner nos biens, même si quelqu'un nous le demande. Si nous voyons par exemple qu'un cadeau fera du mal à quelqu'un d'autre, il ne faut pas l'offrir. Il est nécessaire de considérer toutes les implications de notre geste, y compris la manière dont il affectera les autres en dehors de la personne qui va recevoir le cadeau. Il est également nécessaire de garder les choses dont nous avons besoin pour pratiquer le dharma. Si jamais nous les donnions, nous nuirions indirectement aux autres, car nous créerions des obstacles à nos efforts pour atteindre l'illumination pour leur bien.

Mentalement, dédions tout ce que nous possédons aux autres, mais il faut seulement donner nos biens au moment le plus approprié. Cette manière habile de penser est en elle-même une forme de don. Les organisations caritatives, par exemple, ne distribuent pas immédiatement tout ce qu'elles reçoivent, mais en gardent une certaine partie en réserve pour pouvoir l'utiliser au moment où le besoin se fera sentir. Et même quand elles gardent l'argent qui a été donné, elles ne le considèrent pas comme le leur, mais le gèrent simplement jusqu'au moment où les autres en auront besoin. Si nous avons cette attitude avec tout ce que nous possédons, nous pratiquerons sans cesse le don.

La quantité de mérite accumulée par la pratique du don dépend de plusieurs facteurs, mise à part la valeur du cadeau. Un de ces facteurs est la nature du bénéficiaire. Il y a trois classes d'êtres à qui il est tout spécialement méritoire de donner : les êtres saints, tels que notre guide spirituel, les bouddhas et les bodhisattvas, les personnes qui comme nos parents ont fait preuve d'une grande bonté à notre égard, et celles qui sont dans le besoin, telles que les pauvres, les malades et les handicapés. Un autre facteur important est notre motivation. Il est plus méritoire de donner quelques miettes de pain à des oiseaux en étant motivé par une compassion pure que de donner une bague de diamants par attachement. La meilleure motivation est, bien entendu, la bodhitchitta. La vertu créée en donnant avec cette motivation est illimitée.

Le don du dharma

Il existe de nombreuses manières de donner le dharma. Si, avec une bonne motivation, nous n'enseignons qu'un seul mot de dharma à autrui, nous donnons le dharma. Cela sera bien plus bénéfique que n'importe quel cadeau matériel parce que les biens matériels n'aident les autres que pendant cette seule vie, alors que le don du dharma les aidera dans cette vie et dans toutes leurs vies futures. Il existe beaucoup d'autres façons de donner le dharma – par exemple en dédiant notre vertu afin que tous les êtres vivants puissent jouir de la paix et du bonheur, ou en murmurant des mantras à l'oreille des animaux.

Le don de la non-peur

Donner la non-peur, c'est protéger d'autres êtres vivants de la peur ou du danger. Sauver quelqu'un d'un incendie ou d'une autre catastrophe naturelle, protéger les autres contre la violence physique, ou sauver des animaux et des insectes tombés dans l'eau ou pris dans un piège, c'est pratiquer le don de la non-peur. Si nous ne pouvons pas secourir ceux qui sont en danger, nous pouvons néanmoins donner la non-peur en faisant des prières et des offrandes afin qu'ils puissent être délivrés du danger. Nous pouvons également donner la non-peur en priant pour que les autres soient libérés de leurs perturbations mentales, en particulier de la saisie du soi qui est la source ultime de toutes nos peurs.

LA PERFECTION DE LA DISCIPLINE MORALE

La discipline morale est la détermination mentale vertueuse d'abandonner toute faute, ou l'action corporelle ou verbale motivée par cette détermination. La discipline morale pratiquée avec la motivation de bodhitchitta est une perfection de la discipline morale. Il y a trois types de discipline morale :

1 La discipline morale de la retenue
2 La discipline morale qui consiste à rassembler les dharmas vertueux
3 La discipline morale qui consiste à venir en aide aux êtres vivants

La discipline morale de la retenue

Cette discipline morale consiste à s'abstenir de la non-vertu. Pour pratiquer cette discipline morale, il est nécessaire de comprendre que commettre des actions négatives comporte différents dangers, de promettre ou de faire le vœu de les abandonner, puis d'observer cette promesse ou ce vœu. Si nous nous abstenons de manière involontaire de commettre des actions négatives ce n'est pas une pratique de la discipline morale parce que nous ne sommes pas motivés par la détermination de nous en abstenir.

La discipline morale de la retenue inclut toute discipline spirituelle qui évite ou surmonte les fautes mentales ou les actions négatives du corps et de la parole. Par exemple, si nous comprenons les dangers des dix actions non vertueuses, que nous promettons de nous en abstenir, et que nous tenons cette promesse, nous pratiquons la discipline morale de la retenue.

Parfois nous pouvons prendre des vœux par nous-mêmes, en reconnaissant les défauts des actions que nous voulons abandonner et en promettant de nous en abstenir pour la durée qui correspond à notre capacité. Même si nous promettons de nous abstenir d'une seule action négative pendant seulement une courte période – par exemple de cesser de tuer pendant une semaine – et que nous tenons cette promesse, nous pratiquons la discipline morale de la retenue. Cependant, au fur et à mesure que notre capacité augmente, il faut étendre la durée de notre retenue d'une manière graduelle et promettre d'abandonner également d'autres actions non vertueuses. Quand nous nous sentons prêts, nous pouvons prendre des vœux spécifiques auprès d'un guide spirituel, tels que les vœux du refuge, les vœux de l'ordination, les vœux du bodhisattva et les vœux tantriques. Les vœux, ou engagements, du refuge sont expliqués dans l'appendice I de ce livre, les vœux du bodhisattva sont expliqués dans *Le vœu du bodhisattva*.

Pour pratiquer la discipline morale, il est nécessaire de nous en remettre à la vigilance, l'esprit d'alerte et l'esprit consciencieux. La vigilance nous empêche d'oublier nos vœux, l'esprit d'alerte examine attentivement notre esprit et nous avertit quand des perturbations mentales sont sur le point de se produire, et l'esprit consciencieux protège notre esprit de la non-vertu. Nous pouvons par exemple nous trouver dans une situation telle qu'une fête animée, dans laquelle il serait très facile d'encourir la chute morale du bodhisattva qui consiste à faire son propre éloge et à mépriser les autres. Mais si nous pratiquons la vigilance, nous allons continuellement nous souvenir que nous avons promis de ne pas agir ainsi, et il n'y aura aucun danger d'oublier notre promesse et d'encourir cette chute morale. De même, si nous maintenons notre esprit d'alerte, nous pourrons détecter les perturbations mentales, telles que l'orgueil ou la jalousie, dès qu'elles apparaîtront, puis nous utiliserons notre esprit consciencieux pour stopper leur développement.

Quand nous prenons les vœux du bodhisattva, nous devons avoir l'intention de les observer continuellement, jusqu'à l'illumination. Si nous voulons accomplir notre désir d'atteindre rapidement l'illumination pour le bien des autres, il est nécessaire de surmonter le plus tôt possible nos défauts. Pour un bodhisattva le principal objet à abandonner, c'est l'intention de travailler uniquement pour son propre bien. Les bodhisattvas voient clairement les dangers de l'auto-préoccupation – c'est-à-dire de se considérer comme suprêmement important – et ils comprennent que c'est le principal obstacle au développement de la bodhitchitta et à l'accomplissement de l'illumination. Dans le *Soutra condensé de la perfection de la sagesse,* Bouddha dit que la discipline morale d'un bodhisattva ne dégénère pas si il, ou elle, jouit de la beauté des formes, des sons, des saveurs et des autres objets des sens, alors que si le bodhisattva se préoccupe de son propre bien-être, sa discipline morale et sa bodhitchitta dégénèrent toutes les deux. Si nous générons la bodhitchitta et pensons par la suite qu'il vaudrait mieux ne chercher que notre propre libération, nous encourons une chute morale racine des vœux du bodhisattva et rompons notre discipline morale de la retenue.

Avec la motivation de bodhitchitta, aucune action ne peut être non vertueuse, parce que la bodhitchitta élimine l'auto-préoccupation, la racine de toutes les actions non vertueuses. Même si un bodhisattva doit tuer, ce n'est pas une action non vertueuse parce qu'elle est effectuée uniquement pour le bien de tous les êtres vivants. Même si d'autres les condamnent, les bodhisattvas n'encourent aucun karma négatif lorsqu'ils effectuent de telles actions parce que leur bodhitchitta rend toutes leurs actions pures. Ce point est illustré par un épisode d'une vie antérieure de Bouddha Shakyamouni, alors qu'il était encore un bodhisattva. Il était alors le capitaine d'un bateau qui transportait cinq cents marchands lors d'un voyage important. Sa clairvoyance lui permit de voir que l'un des marchands se préparait à tuer tous les autres. En voyant qu'à cause de son action ce marchand allait renaître en enfer, il généra une grande compassion pour lui et pour ses futures victimes. Il décida de prendre sur lui le karma de tuer plutôt que de laisser souffrir les cinq cents marchands et, avec une pure motivation de bodhitchitta, il tua alors le méchant marchand. Il protégea ainsi ce marchand d'une renaissance en enfer et sauva la vie de tous les autres. En résultat de cette action de tuer, ce bodhisattva fit un grand progrès spirituel.

La discipline morale qui consiste à rassembler les dharmas vertueux

Nous pratiquons cette discipline morale en pratiquant avec sincérité toute action vertueuse, par exemple observer les vœux du bodhisattva avec pureté, pratiquer les six perfections, faire des offrandes aux trois joyaux, mettre son énergie pour étudier, méditer ou faire connaître le saint dharma.

La discipline morale qui consiste à venir en aide aux êtres vivants

Cette discipline morale consiste à aider les autres de quelque manière que ce soit. Si nous ne pouvons pas offrir aux autres une aide pratique, nous pouvons au moins prier pour eux et maintenir continuellement l'intention de leur venir en aide dès que nous en aurons la possibilité. Nous pouvons comprendre comment pratiquer cette discipline morale en étudiant les instructions données sur les douze dernières chutes morales secondaires des vœux du bodhisattva, ces instructions sont expliquées dans le livre *Le vœu du bodhisattva.*

Quand nous aidons les autres, il faut le faire avec tact et sensibilité. Il faut essayer de comprendre l'expérience et le point de vue de l'autre personne, et ensuite lui offrir une aide appropriée d'une manière telle qu'elle puisse l'accepter. Nous ne pouvons pas aider les autres en attaquant leurs valeurs et leurs croyances ou en ignorant leur tempérament et leur situation personnelle. Nous devons adapter notre propre comportement, afin qu'il convienne à l'autre personne et la mette à l'aise. Au lieu d'imposer aux autres nos propres valeurs morales et de les juger s'ils ne s'y conforment pas, il faut simplement agir de la manière qui donnera l'effet le plus positif. Il est nécessaire que notre esprit et notre conduite soient tous deux flexibles.

Puisque les bodhisattvas ont une grande compassion, ils font tout ce qui est nécessaire pour aider les autres. Les bodhisattvas feront en effet tout ce qu'il faut pour rendre quelqu'un d'autre heureux, car lorsque les gens sont heureux, leur esprit est plus ouvert et plus réceptif aux conseils et aux exemples. Si nous désirons influencer les autres, nous ne pouvons le faire que si nous évitons d'éveiller leur hostilité, de les mettre mal à l'aise ou de les effrayer.

Un épisode de la vie du grand enseignant tibétain, Guéshé Langri Tangpa, illustre très bien le tact et la sensibilité dont un bodhisattva doit faire preuve pour aider les autres. Une femme, qui venait de donner récemment naissance à une petite fille, avait peur de perdre son bébé, car elle avait déjà eu un enfant qui était mort en bas âge. La femme fit part de son anxiété à sa mère et celle-ci lui dit qu'un enfant confié à Guéshé Langri Tangpa ne mourraient pas. Plus tard, quand la petite fille tomba malade, sa mère l'emmena voir Guéshé

Langri Tangpa. Mais lorsqu'elle arriva, elle le trouva assis sur son trône en train de donner un discours à un millier de disciples. La femme commença à craindre que son enfant ne mourût avant la fin du discours. Comme elle savait que Guéshé Langri Tangpa était un bodhisattva et qu'il se montrerait patient, elle marcha droit vers le trône et, d'une voix forte et insolente, déclara : « Voici ton bébé, maintenant c'est à toi de t'en occuper ! » Elle se tourna ensuite vers l'assemblée et dit : « C'est le père de mon enfant. » Puis, se tournant vers Guéshé Langri Tangpa, elle le supplia doucement : « Je vous en prie, ne la laissez pas mourir. » Guéshé Langri Tangpa accepta d'un signe de la tête. Comme s'il était réellement le père de l'enfant, il l'enveloppa tendrement dans sa robe et continua son discours. Ses disciples furent très étonnés et lui demandèrent : « Êtes-vous réellement le père de cet enfant ? » Sachant que la femme aurait été traitée de folle et tournée en ridicule s'il l'avait nié, Guéshé Langri Tangpa répondit qu'il était le père.

Bien qu'il fût moine, Guéshé Langri Tangpa s'occupa de l'enfant comme un vrai père et prit soin d'elle avec un grand plaisir. Après quelque temps, la mère revint pour voir si sa fille allait bien. Quand elle vit qu'elle était en excellente santé, elle demanda à Guéshé Langri Tangpa si elle pouvait la reprendre. Le guéshé rendit alors gentiment l'enfant à sa mère. Quand ses disciples comprirent ce qui s'était passé, ils dirent : « Donc, après tout vous n'êtes pas réellement le père ! » Et Guéshé Langri Tangpa de répondre : « Non, je ne le suis pas. » De cette manière, Guéshé Langri Tangpa répondit à l'action de la mère avec une compassion pure et agit en accord avec les besoins du moment.

LA PERFECTION DE LA PATIENCE

La patience est un esprit vertueux capable de supporter le mal qui nous est fait, la souffrance ou la profondeur du dharma. La patience pratiquée avec la motivation de bodhitchitta est une perfection de la patience.

Nous avons besoin de cultiver la patience même si nous ne nous intéressons pas au développement spirituel parce que, sans elle, nous restons vulnérables à l'anxiété, à la frustration et à l'inquiétude. Si nous manquons de patience, il nous est très difficile de maintenir des relations paisibles avec les autres.

La patience est l'opposant de la colère, le plus puissant destructeur de la vertu. Nous pouvons remarquer par notre propre expérience combien de souffrances proviennent de la colère. Elle nous empêche de juger correctement une situation et nous pousse à agir de manière regrettable. Elle détruit notre propre paix intérieure et dérange tous ceux que nous rencontrons. Même ceux qui aiment d'habitude notre compagnie sont repoussés quand ils nous voient en colère. La colère peut nous entraîner à rejeter ou insulter nos propres parents et, quand elle est intense, elle peut même nous pousser à tuer ceux que nous aimons ou même à prendre notre propre vie.

La colère est habituellement déclenchée par quelque chose de tout à fait insignifiant, une remarque que l'on prend pour soi, une habitude que l'on trouve irritante ou une attente qui n'est pas satisfaite, etc. À partir de ces événements dérisoires, la colère tisse un enchaînement élaboré de fantasmes, en exagérant le côté désagréable de la situation, et en fournissant une rationalisation et des justifications pour nos sentiments de déception, d'indignation ou de ressentiment. Elle nous pousse à dire et faire ce qui fait du mal aux autres, et par là même à les offenser, et à transformer une petite difficulté en un grand problème.

Si l'on nous demandait « Par qui toutes les guerres au cours desquelles tant de personnes sont mortes ont-elles été causées ? », il faudrait répondre qu'elles ont été provoquées par des esprits en colère. Si les nations étaient pleines de gens calmes qui aiment la paix, comment des guerres pourraient-elles éclater ? La colère est le plus grand ennemi des êtres vivants. Elle nous a nui dans le passé, elle nous nuit maintenant, et si nous ne la surmontons pas par la pratique de la patience, elle nous nuira toujours. Comme le dit Shantidéva :

> La colère, cette ennemie, n'a pas d'autre fonction
> Que de me faire du mal.

La manière dont les ennemis extérieurs nous font du mal est plus lente et moins subtile. Si nous pratiquons la patience avec eux, nous pouvons même gagner leur sympathie et en faire des amis, mais il est impossible de se réconcilier avec la colère. Si nous sommes indulgents avec la colère, elle en profitera pour nous faire encore plus de mal. De plus, alors que des ennemis extérieurs ne peuvent nous nuire que dans cette vie, la colère, elle, nous fera souffrir dans de nombreuses vies futures. Par conséquent, il est nécessaire d'éliminer la colère dès qu'elle entre dans notre esprit, car, si nous ne le faisons pas, elle deviendra très vite un feu violent qui consumera notre mérite.

Bouddha Roi de la Bannière de la Victoire

Bouddha Être Glorieux Subjugueur Complet

Bouddha Grand Vainqueur dans les Batailles

La patience, par contre, nous aide dans cette vie et dans toutes nos vies futures. Comme le dit Shantidéva :

> Il n'y a pas de mal plus grand que la colère,
> Ni de vertu plus grande que la patience.

Grâce à la patience, nous pouvons accepter toutes les peines qui nous sont infligées et supporter facilement nos ennuis et nos malaises habituels. Si nous avons de la patience, rien ne peut altérer la paix de notre esprit et nous n'avons pas de problèmes. Grâce à la patience, nous conservons notre paix et notre tranquillité intérieures, ce qui nous permettra d'obtenir des réalisations d'ordre spirituel. Tchandrakirti dit que, si nous pratiquons la patience, à l'avenir notre corps sera beau et nous deviendrons un être saint qui possède de grandes réalisations.

Il y a trois types de patience :

1 La patience de ne pas riposter
2 La patience d'endurer volontairement la souffrance
3 La patience de penser en profondeur au dharma

La patience de ne pas riposter

Pour pratiquer ce type de patience il est nécessaire de rester continuellement attentif aux dangers de la colère et aux bienfaits de l'acceptation patiente et, chaque fois que la colère est sur le point de se produire en nous, il est nécessaire d'appliquer immédiatement les méthodes pour l'éliminer. Nous commençons par apprendre à supporter de petites difficultés, comme des insultes insignifiantes ou des interruptions mineures dans nos activités quotidiennes, puis nous améliorons progressivement notre patience jusqu'à ce que nous devenions capables de supporter même les plus grandes difficultés sans nous mettre en colère.

Quand nous méditons sur la patience, nous pouvons utiliser de nombreux raisonnements différents pour nous aider à surmonter notre tendance à la riposte. Nous pouvons par exemple contempler que si quelqu'un en venait à nous frapper avec un bâton, nous ne nous mettrions pas en colère contre le bâton, parce qu'il est brandi par notre agresseur et n'a pas le choix. De la même manière, si quelqu'un nous insulte ou nous fait du mal, il ne faut pas nous mettre en colère contre lui, parce qu'il est manipulé par son esprit perturbé et n'a pas non plus le choix. Nous pouvons aussi penser qu'un médecin ne se fâche pas si un patient fiévreux s'en prend à lui, et qu'il ne faut donc pas nous mettre en colère si dans sa confusion un être vivant, qui souffre de la maladie des perturbations mentales, nous agresse d'une manière ou d'une autre. *La voie joyeuse*, *Trésor de contemplation* et *Transformez votre vie* nous présentent de nombreux précieux raisonnements de ce genre.

La raison fondamentale pour laquelle on nous fait du mal est que nous avons fait du mal aux autres dans le passé. Ceux qui nous agressent sont simplement les conditions par lesquelles notre karma mûrit, la cause réelle de tout le mal que nous recevons est notre propre négativité. Si dans ce genre de situation nous ripostons, nous créons simplement plus de karma négatif et à l'avenir nous aurons donc à endurer encore plus de souffrances. Par contre, si nous acceptons la blessure avec patience, nous brisons la chaîne et payons cette dette karmique particulière.

La patience d'endurer volontairement la souffrance

Si nous n'avons pas la patience d'endurer volontairement la souffrance, nous serons découragés chaque fois que nous rencontrerons des obstacles ou chaque fois que nos désirs ne seront pas satisfaits. Il nous est difficile de terminer nos tâches, car nous avons envie de les abandonner dès qu'elles deviennent difficiles, et notre impatience aggrave encore nos malheurs. Il est toutefois possible d'accepter et d'endurer la douleur si nous avons une bonne raison de le faire, et chaque fois que nous pratiquons une telle patience, nous diminuons effectivement nos souffrances. Par exemple, si quelqu'un nous enfonçait une aiguille dans le corps, nous trouverions la douleur insupportable mais, si l'aiguille contenait un vaccin dont nous avons besoin, notre tolérance augmenterait considérablement.

Rien que pour réussir dans la vie, les gens sont prêts à supporter l'adversité. Les hommes d'affaires sacrifient leurs loisirs et leur paix intérieure juste pour gagner de l'argent, et les soldats font face à des épreuves extrêmement dures, simplement pour tuer d'autres soldats. Ne devrions-nous pas être dans de bien meilleures dispositions pour supporter les difficultés qui se présentent afin d'accomplir le plus sensé de tous les objectifs – atteindre l'illumination pour venir en aide à tous les êtres vivants ? Étant donné que nous sommes dans le samsara, nous devons souvent supporter des conditions désagréables et l'infortune. Cependant si nous avons la patience d'endurer volontairement la souffrance, nous pouvons accepter ces adversités avec joie et courage chaque fois qu'elles surviennent. Quand nos désirs ne se réalisent pas ou que nous sommes malades, en deuil ou confrontés à d'autres difficultés, il ne faut pas nous décourager. Au lieu de s'apitoyer sur soi, utilisons notre souffrance pour renforcer notre pratique spirituelle. Rappelons-nous que toutes nos souffrances sont le résultat de notre karma négatif antérieur et prenons la résolution de pratiquer à l'avenir une discipline morale pure ; ou bien contemplons la souffrance, qui est inévitable tant que nous resterons dans le samsara, et augmentons ainsi notre désir de nous en échapper, ou bien encore utilisons notre propre souffrance pour nous représenter les souffrances encore bien plus grandes qu'éprouvent d'autres êtres et renforçons de cette manière notre compassion.

Si nous sommes capables d'endurer l'adversité, nous en serons grandement récompensés. Nos souffrances actuelles diminueront et nous accomplirons à la fois nos désirs temporaires et ultimes. Aussi, il ne faut pas considérer la souffrance comme un obstacle à notre pratique spirituelle mais au contraire comme une aide indispensable. Comme le dit Shantidéva :

> De plus, la souffrance a de nombreuses qualités.
> En l'éprouvant nous pouvons dissiper l'orgueil,
> Générer la compassion pour ceux qui sont piégés
> dans le samsara,
> Abandonner ce qui est non vertueux et nous délecter
> dans la vertu.

La patience de penser en profondeur au dharma

Lorsque nous écoutons, contemplons ou méditons sur le dharma avec un esprit patient et joyeux, afin d'en avoir une expérience spéciale, nous pratiquons la patience de penser en profondeur au dharma. Cette patience est importante, car si nous sommes impatients ou malheureux lorsque nous pratiquons le dharma, cela va faire obstacle à notre progrès spirituel et nous empêchera d'améliorer notre sagesse du dharma. Même si nous trouvons que certains aspects de notre pratique du dharma sont difficiles, il est quand même nécessaire de les aborder avec un esprit heureux.

LA PERFECTION DE L'EFFORT

L'effort est un état d'esprit qui se délecte dans la vertu. L'effort pratiqué avec la motivation de bodhitchitta est une perfection de l'effort. L'effort ne doit pas être pratiqué séparément, mais il doit accompagner toutes nos entreprises vertueuses. Nous pratiquons l'effort quand nous étudions le dharma ou méditons avec enthousiasme, lorsque nous nous efforçons d'atteindre les réalisations du dharma, ou faisons des efforts pour aider les autres. Mettre notre énergie dans des actions non vertueuses ou neutres, n'est cependant pas une pratique de l'effort.

Grâce à l'effort nous pouvons atteindre les bonheurs mondain et supramondain – il nous rend capable d'accomplir les actions vertueuses qui sont la cause d'une naissance dans les règnes supérieurs, ainsi que celles qui conduisent à la libération et l'illumination. Grâce à l'effort, nous pouvons purifier toutes nos négativités et développer toutes les qualités que nous désirons. Sans cet effort, par contre, nous serons incapables de mener à bien nos pratiques spirituelles, même si nous avons une sagesse aiguisée.

Pour générer l'effort, il est nécessaire de vaincre les trois types de paresse : la procrastination, l'attirance vers ce qui est futile ou non vertueux et le découragement. La procrastination, c'est ne pas avoir envie ou ne pas vouloir faire d'efforts dans la pratique spirituelle, immédiatement. Il se peut par exemple que nous soyons intéressés par le dharma et ayons l'intention de le pratiquer, mais que nous ressentions le désir de remettre notre pratique à plus tard – après les vacances, quand les enfants auront grandi ou quand nous serons à la retraite. C'est une attitude dangereuse, car l'opportunité de pratiquer le dharma se perd facilement. La mort peut nous frapper à n'importe quel moment. De plus, quand la tâche particulière qui pour le moment nous empêche de pratiquer le dharma sera terminée, nous pouvons être certains qu'une autre se présentera pour prendre sa place. Les activités mondaines sont comme la barbe d'un vieil homme – bien qu'il la rase le matin, le soir elle a déjà repoussé. Par conséquent, abandonnons la procrastination et commençons à pratiquer le dharma dès maintenant. Le meilleur remède contre la paresse de la procrastination est de méditer sur notre précieuse vie humaine, ainsi que sur la mort et l'impermanence.

Le deuxième type de paresse est très familier à la plupart d'entre nous. Nous lui cédons chaque fois que nous regardons la télévision pendant des heures sans nous préoccuper du programme, lorsque nous nous complaisons dans de longues conversations qui ne mènent à rien, ou que nous

nous passionnons pour le sport ou les affaires, pour leur seul intérêt. De telles activités dissipent l'énergie que nous avons pour la pratique du dharma. Même si elles nous semblent agréables, elles nous trompent, car elles gaspillent notre précieuse vie humaine et détruisent nos chances d'atteindre un bonheur réel et durable. Pour surmonter ce type de paresse, il est nécessaire de méditer encore et encore sur les dangers du samsara, en nous souvenant que tous les amusements trouvés dans cette vie mondaine sont trompeurs parce qu'en réalité ils ne servent qu'à nous enchaîner à l'intérieur du samsara et qu'ils nous font connaître encore plus de souffrances.

La paresse du découragement est très courante en ces temps dégénérés. Nous ne pouvons pas voir de nos propres yeux d'exemples vivants d'êtres illuminés, et notre progrès spirituel est souvent beaucoup plus lent que nous l'espérions, c'est pourquoi nous pouvons commencer à nous demander s'il est vraiment possible d'atteindre la bouddhéité, ou nous pouvons conclure que ceci doit être si rare qu'il n'y a pratiquement aucun espoir d'y arriver. Nous pouvons aussi voir des défauts chez notre guide spirituel et chez ceux qui pratiquent le dharma, en conclure qu'ils n'ont pas de réalisations et que l'effort déployé dans la pratique du dharma est vain. Si nous sentons que nous allons être découragés de la sorte, il est nécessaire de nous rappeler que toutes les apparences perçues par l'esprit des êtres ordinaires sont fallacieuses parce qu'elles sont contaminées par l'ignorance. Nous pouvons être certains que, grâce à une pratique sicncère du dharma, nous éliminerons notre ignorance et obtiendrons un esprit pur. Et ainsi, des êtres purs, tels que les bouddhas, vont définitivement nous apparaître.

Si nous nous efforçons d'atteindre des réalisations supérieures avant d'avoir maîtrisé les bases, nous devons nous attendre à connaître le découragement. Il est important de comprendre que même les réalisations les plus élevées ont de petits commencements et apprenons à apprécier les petites expériences du dharma que nous avons déjà obtenues. Notre attitude envers les autres personnes est peut-être moins tendancieuse qu'avant, nous sommes peut-être devenus plus patients ou moins arrogants, ou notre foi est peut-être devenue plus forte. Ces petites améliorations sont les graines qui grandiront finalement en des réalisations supérieures et il faut les estimer en conséquence. Ne nous attendons pas à de grands changements immédiats. Nous avons tous la nature de bouddha – le potentiel d'atteindre la grande illumination – et, maintenant que nous avons rencontré les instructions parfaites de la voie mahayana, il est certain que si nous pratiquons régulièrement sans nous décourager, nous atteindrons finalement l'illumination sans avoir à endurer de grandes épreuves. Alors quelle raison y a-t-il de nous décourager ?

Il y a trois types d'effort : l'effort-armure, qui est la forte détermination de réussir que nous générons au moment d'entreprendre une action vertueuse ; l'effort de rassembler les dharmas vertueux, qui est le véritable effort que nous appliquons lorsque nous nous efforçons d'obtenir des réalisations du dharma ; et l'effort de venir en aide aux autres, qui est l'effort que nous mettons en œuvre quand nous nous efforçons de venir en aide aux autres êtres vivants.

Nous avons besoin de pratiquer l'effort d'une manière habile. Certaines personnes commencent leur pratique avec un grand enthousiasme et l'abandonnent ensuite parce qu'elles n'obtiennent pas de grands résultats apparents, à la manière d'une chute d'eau produite par un violent orage, qui tombe en cascade furieusement pendant quelque temps, mais s'épuise rapidement. Il ne faut pas que notre effort soit comme cela. Au tout début de notre pratique, prenons la ferme décision de persévérer jusqu'à ce que nous atteignions la bouddhéité, quel que soit le temps que cela prendra, même s'il nous faut de nombreuses vies. Puis, pratiquons avec douceur et constance, à la manière d'un grand fleuve qui coule jour et nuit, année après année.

Quand nous sommes fatigués, détendons-nous et reprenons nos efforts quand nous sommes bien reposés. Si nous essayons de forcer au-delà de nos capacités naturelles, nous allons seulement devenir tendus, irrités ou malades. La pratique du dharma doit rester joyeuse. Il est dit qu'il faut pratiquer le dharma comme un enfant qui joue. Quand les enfants sont captivés par leurs jeux, ils sont parfaitement heureux et rien ne peut les distraire.

LA PERFECTION DE LA STABILISATION MENTALE

La stabilisation mentale, ou concentration, est un esprit dont la nature est d'être placé en un seul point sur un objet vertueux et dont la fonction est d'empêcher les distractions. Toute concentration pratiquée avec la motivation de bodhitchitta est une perfection de la stabilisation mentale.

Pour les êtres ordinaires, la concentration fonctionne principalement à l'aide de la perception mentale. Nos perceptions sensorielles peuvent percevoir et rester en un seul point sur leur objet, mais ce ne sont pas des concentrations. Par exemple, quand notre perception de l'œil regarde fixement une bougie, ou que notre perception de l'oreille s'absorbe dans un morceau de musique, nous ne pratiquons pas la concentration. Si nous désirons améliorer notre concentration pour atteindre les neuf placements de l'esprit et finalement le calme stable, il est nécessaire que notre esprit se rassemble à l'intérieur et demeure sur son objet en un seul point. Pour y parvenir, l'objet principal de notre concentration doit être une image générique, ou image mentale, qui apparaît à la perception mentale. Finalement, par le pouvoir de la concentration, l'image générique s'effacera et l'objet sera perçu directement.

L'entraînement à la concentration nous procure de nombreux bienfaits. Lorsque l'esprit est calmé par la concentration, les perturbations mentales s'apaisent et l'esprit devient extrêmement lucide. Pour le moment, notre esprit est indiscipliné et refuse de coopérer avec nos intentions vertueuses, mais la concentration dissout la tension de notre corps et de notre esprit, les rend souples, confortables et on peut facilement travailler avec eux. Un esprit distrait a du mal à se familiariser suffisamment avec son objet pour induire des réalisations spontanées, car il semble que l'esprit est « ici » et l'objet « là-bas ». Un esprit concentré, par contre, pénètre dans son objet et se mélange avec lui et grâce à cela les réalisations des étapes de la voie sont rapidement atteintes.

On peut utiliser la stabilisation mentale pour des buts mondains ou supramondains. La pratique de la concentration affine l'esprit et donne accès aux niveaux les plus élevés du samsara. Le samsara a trois niveaux : le règne du désir, le règne de la forme et le règne du sans forme. Les trois règnes inférieurs, le règne des êtres humains, le règne des demi-dieux et le niveau le plus bas du règne des dieux font tous partie du règne du désir. Le règne des dieux est divisé en trois niveaux : celui des dieux du règne du désir, celui des dieux du règne de la forme et celui des dieux du règne du sans forme. La seule manière de renaître en tant que dieu des règnes de la forme et du sans forme est de s'entraîner à la stabilisation mentale.

Une fois que le méditant a atteint le calme stable, il peut, s'il le souhaite, continuer sa pratique pour renaître dans les règnes de la forme ou du sans forme. Il, ou elle, commence par contempler la nature grossière et douloureuse du règne du désir, et la paix, la pureté et la subtilité relatives du règne de la forme. Il abandonne progressivement les perturbations mentales du règne du désir – principalement les désirs sensuels et toutes les formes de colère – afin de renaître dans sa prochaine vie en tant que dieu du règne de la forme. S'il continue d'affiner son esprit, il s'élèvera progressivement jusqu'à des niveaux de concentration de plus en plus subtils pour finalement atteindre la concentration appelée « concentration du sommet du samsara ». Cette concentration lui permet de renaître au sommet du samsara – le niveau le plus élevé du règne du sans forme, et l'accomplissement le plus élevé à l'intérieur du samsara. Une telle renaissance est obtenue principalement par la force de la concentration, mais sans la sagesse qui réalise la vacuité. Certains non-bouddhistes croient à tort que c'est un état de libération, mais bien qu'à ce niveau les perturbations mentales grossières aient disparu, les perturbations mentales très subtiles ne sont toujours pas éliminées. Finalement les perturbations mentales plus grossières réapparaîtront et une fois encore le méditant aura à descendre dans des états inférieurs.

Seule une réalisation directe de la vacuité a le pouvoir de couper le continuum de la saisie du soi, la racine de toutes les perturbations mentales, et par là même de nous libérer entièrement du samsara. C'est pourquoi, il faut dès le début nous entraîner au calme stable avec la motivation de renoncement et de bodhitchitta, afin de pouvoir surmonter la saisie du soi, ainsi que ses empreintes, pour atteindre la grande libération.

Dans l'ancien temps, il était assez facile d'atteindre le calme stable, ainsi que les absorptions des règnes de la forme et du sans forme, mais de nos jours, notre mérite est en diminution, nos perturbations mentales deviennent plus fortes et les distractions foisonnent, en conséquence de quoi ces accomplissements sont beaucoup plus difficiles à atteindre. Nous avons donc besoin de bien nous préparer, en surmontant en particulier l'attachement désirant, puis nous devons être prêts à pratiquer régulièrement sur une longue période avant de pouvoir atteindre de hauts niveaux de concentration.

En maîtrisant les concentrations des règnes de la forme et du sans forme, nous atteignons la clairvoyance et d'autres pouvoirs miraculeux. Bien que ceux-ci aient peu de valeur par eux-mêmes, les bodhisattvas peuvent les utiliser afin d'améliorer leur capacité d'aider les autres. Nous ne connaissons pas l'esprit des autres, et il se peut que, parfois, même en ayant de très bonnes intentions, nous jugions mal une situation et que nos actions deviennent un obstacle plutôt qu'une aide. De tels problèmes peuvent être surmontés en développant la clairvoyance qui connaît l'esprit des autres. Ne nous efforçons cependant pas d'atteindre la clairvoyance et d'autres pouvoirs miraculeux simplement pour nous-mêmes. Si nous avons pris les vœux du bodhisattva, nous devons porter un grand intérêt à l'amélioration de notre concentration, mais seulement en tant que moyen de satisfaire notre désir de donner de l'aide aux autres.

LA PERFECTION DE LA SAGESSE

La sagesse est un esprit vertueux dont la fonction principale est de dissiper le doute et la confusion en comprenant son objet à fond. Une sagesse motivée par la bodhitchitta est une perfection de la sagesse.

La sagesse n'est pas la même chose que l'intelligence mondaine. Il est possible d'avoir une grande intelligence mais très peu de sagesse. Les personnes qui par exemple inventent les armes de destruction massive sont très ingénieuses du point de vue mondain, mais elles ont très peu de sagesse. Il y a aussi des gens qui connaissent un très grand nombre de choses et comprennent des sujets techniques complexes, mais ne savent pas du tout comment garder un esprit paisible et mener une vie vertueuse. Ces personnes peuvent bien avoir une grande intelligence, mais elles n'ont que peu de sagesse.

La sagesse est un type particulier de compréhension qui induit la paix de l'esprit, car elle distingue clairement ce qui est vertueux et doit être pratiqué, de ce qui ne l'est pas et doit être évité. La sagesse donne à notre pratique spirituelle sa véritable perspective. Si la sagesse ne les guidait pas, les cinq autres perfections resteraient aveugles et ne pourraient pas nous conduire jusqu'à la destination finale, la bouddhéité.

C'est uniquement la sagesse unie au calme stable qui nous permet d'atteindre la réalisation directe de la vérité ultime, la vacuité. Un esprit vacillant ne pourra jamais percevoir un objet subtil, tel que la vacuité, avec suffisamment de clarté pour arriver à le réaliser directement, tout comme nous ne pouvons pas bien lire un livre à la lueur tremblotante d'une chandelle. S'entraîner à la stabilisation mentale, c'est comme protéger notre esprit du vent des pensées distrayantes, alors que la sagesse est semblable à la lumière de la flamme elle-même. Quand les deux sont réunies, notre perception de l'objet devient claire et puissante.

Après avoir atteint le calme stable, efforçons-nous d'atteindre l'union du calme stable et de la vue supérieure qui observe la vacuité. La nature de la vue supérieure est sagesse. Le calme stable est une forme spéciale et supérieure de concentration, et de même la vue supérieure est une sagesse supérieure qui se produit en dépendance du calme stable. Lorsque nous avons atteint le calme stable, notre concentration ne peut plus être troublée par des pensées conceptuelles. Elle est inébranlable, comme une immense montagne que le vent ne peut pas déplacer. Quand notre concentration est aussi stable, nous pouvons examiner l'objet observé avec une plus grande minutie. Par le pouvoir d'examens répétés, nous obtiendrons finalement une connaissance supérieure de la nature de notre objet de méditation. Cette sagesse investigatrice induit une souplesse mentale particulière. Une sagesse caractérisée par une telle souplesse est la vue supérieure.

L'objet principal de la vue supérieure est la vacuité, la nature ultime des phénomènes. Chaque phénomène a deux natures : une nature conventionnelle et une nature ultime. Notre esprit, par exemple, a des caractéristiques et des fonctions variées, telles que sa clarté et sa capacité de connaître les objets. Elles constituent la nature conventionnelle de l'esprit. Bien que l'esprit ait ces caractéristiques non communes qui le distinguent des autres phénomènes, il n'existe pas de son propre côté, indépendamment des autres objets. La nature ultime, ou vacuité, de l'esprit, c'est son absence d'existence de son propre côté. Le chapitre suivant expliquera la vacuité plus en détail.

Quand nous atteignons la vue supérieure qui observe la vacuité, notre réalisation de la vacuité est encore conceptuelle, mais en continuant à méditer sur la vacuité avec l'union du calme stable et de la vue supérieure, nous parvenons à éliminer d'une manière graduelle l'image générique, jusqu'à ce que nous percevions finalement la vacuité directement sans la moindre trace de conceptualisation. La sagesse qui réalise directement la vacuité a le pouvoir d'éradiquer les perturbations mentales ; par conséquent c'est une vraie voie qui conduit à la libération et à l'illumination.

Puisque les bodhisattvas désirent atteindre l'illumination aussi vite que possible, ils ont un grand désir d'accumuler très vite un puissant mérite. C'est pourquoi ils pratiquent chacune des six perfections en conjonction avec toutes les autres. Quand les bodhisattvas pratiquent par exemple le don, ils le font sans intérêt personnel, ils n'attendent rien en retour. Ainsi, ils pratiquent selon leurs vœux du bodhisattva et combinent la perfection du don avec celle de la discipline morale. En acceptant patiemment toutes les épreuves que cela entraîne et en ne laissant jamais monter la colère si on ne leur témoigne aucune gratitude, ils combinent la perfection du don avec celle de la patience. En donnant joyeusement, ils combinent la perfection du don avec celle de l'effort ; et en se concentrant sur la pensée « Puisse le mérite de ce don permettre à cette personne d'atteindre la bouddhéité », ils la combinent avec la perfection de la stabilisation mentale. Enfin en réalisant que le donateur, le cadeau et l'action de donner sont tous dépourvus d'existence inhérente, ils combinent la perfection du don avec celle de la sagesse.

Les autres perfections peuvent aussi être pratiquées de cette manière, chaque perfection étant pratiquée en conjonction avec toutes les autres. Cette manière d'agir du bodhisattva est semblable à une armure, elle est habile et accélère l'accomplissement des deux collections – la collection de mérite et la collection de sagesse – qui sont respectivement les causes du corps de forme et du corps de vérité d'un bouddha. Étant donné que les bodhisattvas accomplissent toutes leurs actions avec la motivation de bodhitchitta, leur vie entière est prise par la pratique des six perfections.

La vérité ultime

La vérité ultime, c'est la vacuité. La vacuité n'est pas le néant, mais l'absence d'existence inhérente. Notre esprit de saisie du soi projette fallacieusement l'existence inhérente sur les phénomènes. Tous les phénomènes apparaissent naturellement à notre esprit comme existant de façon inhérente et, ne réalisant pas que cette apparence est fallacieuse, nous y croyons instinctivement et considérons que les phénomènes existent de façon inhérente, ou vraiment. C'est la raison fondamentale pour laquelle nous sommes dans le samsara.

On distingue deux étapes pour réaliser la vacuité. La première consiste à identifier avec clarté la façon dont notre esprit perçoit l'existence inhérente des phénomènes et à voir comment nous croyons fermement à la vérité de cette apparence. Cette étape est appelée « identifier l'objet de négation ». Pour bien comprendre la vacuité, il est essentiel de commencer par une image très claire de ce qui va être nié. La deuxième étape consiste à réfuter l'objet de négation, c'est-à-dire à démontrer, en utilisant divers raisonnements, que l'objet de négation en fait n'existe pas. Grâce à cela nous réaliserons l'absence, ou la non-existence, de l'objet de négation, et ceci est la vacuité.

Bouddha Être Glorieux Subjugueur
Complet Passé Au-delà

Bouddha Glorieuse
Parure qui Illumine Tout

Bouddha Joyau du Lotus
Grand Subjugueur

Parce que nous sommes très fortement attachés à nous-mêmes et à notre corps, commençons par contempler la vacuité de ces deux phénomènes en pratiquant les deux méditations expliquées ci-dessous : la méditation sur la vacuité du je et la méditation sur la vacuité du corps.

LA VACUITÉ DU JE

Identifier l'objet de négation

Bien que nous saisissions constamment un je qui existe de façon inhérente, même au cours du sommeil, ce n'est pas facile d'identifier la manière dont il apparaît à notre esprit. Pour l'identifier avec clarté, nous devons commencer par le laisser se manifester avec force, en contemplant des situations dans lesquelles nous avons un sens exagéré du je, par exemple lorsque nous sommes embarrassés, honteux, effrayés ou indignés. Nous nous remémorons ou imaginons une telle situation puis, sans commentaire ni analyse, essayons d'obtenir une image mentale claire de la manière dont le je apparaît naturellement à ce moment-là. Soyons patients lors de cette étape, car il faudra peut-être de nombreuses séances avant d'obtenir une image claire. Nous verrons finalement que le je semble être tout à fait solide et réel, existant de son propre côté, sans dépendre ni du corps ni de l'esprit. Ce je qui apparaît de manière si nette est le je qui existe de façon inhérente, celui que nous chérissons tant. C'est le je que nous défendons lorsqu'on nous critique, et dont nous sommes si fiers lorsqu'on nous complimente.

Après avoir obtenu une image de la manière dont le je apparaît dans ces circonstances extrêmes, essayons de savoir comment il apparaît normalement dans des circonstances moins extrêmes. Nous pouvons, par exemple, observer le je qui lit en ce moment ce livre et essayer de découvrir comment il apparaît à notre esprit. Nous verrons finalement que, bien que le sentiment de je ne soit plus aussi exagéré, le je semble néanmoins toujours exister de façon inhérente, de son propre côté, sans dépendre ni du corps ni de l'esprit.

Après avoir obtenu une image du je qui existe de façon inhérente, nous focalisons notre attention sur lui pendant un moment, en nous concentrant en un seul point, puis nous passons à la deuxième étape.

Réfuter l'existence de l'objet de négation

Si le je existe de la manière dont il apparaît, il doit exister de l'une des quatre manières suivantes : il est soit le corps, soit l'esprit, soit la collection du corps et de l'esprit, soit quelque chose de séparé du corps et de l'esprit. Il n'y a aucune autre possibilité. Nous contemplons ceci avec une grande attention jusqu'à en devenir convaincus, puis nous procédons à l'examen de chacune de ces quatre possibilités :

1 Si le je est le corps, cela n'a aucun sens de dire « mon corps », parce que le possesseur et le possédé sont identiques.

Si le je est le corps, il n'y a pas de renaissance, parce que le je cesse quand le corps meurt.

Si le je et le corps sont identiques, alors, puisque nous sommes capables d'avoir de la foi, de rêver, de résoudre des problèmes de mathématique, et ainsi de suite, il s'ensuit que la chair, le sang et les os peuvent en faire autant.

Puisque rien de cela n'est vrai, il s'ensuit que le je n'est pas le corps.

2 Si le je est l'esprit, cela n'a aucun sens de dire « mon esprit », parce que le possesseur et le possédé sont identiques. Mais d'habitude, quand nous pensons à notre esprit, nous disons « mon esprit ». Cela nous indique clairement que le je n'est pas l'esprit.

Si le je est l'esprit, alors, puisque chaque personne a plusieurs types d'esprit, tels que les six consciences, les esprits conceptuels et les esprits non conceptuels, il s'ensuit que chaque personne a autant de je. Puisque c'est absurde, le je ne peut pas être l'esprit.

3 Puisque le corps n'est pas le je et que l'esprit n'est pas le je, la collection du corps et de l'esprit ne peut pas être le je. La collection du corps et de l'esprit est une collection de choses qui ne sont pas le je, alors, comment la collection elle-même pourrait-elle être le je ? Dans un troupeau de vaches, par exemple, aucun des animaux n'est un mouton, le troupeau n'est donc pas un troupeau de moutons. De la même manière, dans la collection du corps et de l'esprit, ni le corps ni l'esprit ne sont le je, par conséquent la collection elle-même n'est pas le je.

Si vous trouvez ce point difficile à comprendre, pensez-y longuement avec un esprit calme et positif, discutez-en avec des pratiquants plus expérimentés et progressivement il s'éclaircira. Vous pouvez aussi consulter des livres authentiques sur ce sujet comme *Le cœur de la sagesse.*

4 Si le je n'est ni le corps, ni l'esprit, ni la collection du corps et de l'esprit, il ne reste qu'une seule possibilité, c'est qu'il soit quelque chose de séparé du corps et de l'esprit. Si c'était le cas, nous pourrions appréhender le je sans que le corps ou l'esprit n'apparaissent, mais si nous imaginons que notre corps et notre esprit disparaissent complètement, il ne restera rien qui puisse être appelé le je. Il s'ensuit donc que le je n'est pas séparé du corps et de l'esprit.

Imaginons que notre corps se dissout progressivement dans l'air et qu'ensuite notre esprit se dissout, nos pensées s'éparpillent dans le vent, nos sentiments, désirs et perceptions se fondent dans le néant. Reste-t-il quelque chose qui serait le je ? Il ne reste rien. Il est clair que le je n'est pas quelque chose de séparé du corps et de l'esprit.

Nous avons maintenant examiné chacune des quatre possibilités et nous n'avons pas réussi à trouver le je. Puisque nous avons déjà décidé qu'il n'y a pas de cinquième possibilité, nous devons conclure que le je qui existe vraiment, qui existe de façon inhérente, celui qui nous apparaît normalement de façon si nette, n'existe pas du tout. Là où auparavant apparaissait un je qui existe de façon inhérente, apparaît maintenant l'absence de ce je. Cette absence d'un je qui existe de façon inhérente est la vacuité, la vérité ultime.

Nous faisons cette contemplation jusqu'à ce qu'apparaisse à notre esprit l'image générique de l'absence d'un je qui existe de façon inhérente. Cette image est l'objet de notre méditation placée. Essayons de nous familiariser totalement avec cet objet en nous concentrant sur lui en un seul point le plus longtemps possible.

Étant donné que nous avons saisi un je qui existe de façon inhérente depuis des temps sans commencement et que nous l'avons chéri plus tendrement que toute autre chose, l'expérience de ne pas réussir à le trouver lors de notre méditation peut au début être très choquante. Certaines personnes prennent peur et pensent qu'elles sont devenues complètement non existantes. D'autres ressentent une grande joie, comme si la source de tous leurs problèmes était en train de disparaître. Ces deux réactions sont de bons signes et indiquent que nous méditons correctement. Après un certain temps, ces réactions initiales disparaîtront et notre esprit s'installera dans un état plus équilibré. Nous serons alors capables de méditer sur la vacuité d'une manière calme et contrôlée.

Il faut laisser notre esprit s'absorber dans la vacuité semblable à l'espace le plus longtemps possible. Il est important de nous rappeler que notre objet est la vacuité, l'absence d'un je qui existe de façon inhérente et non pas le simple néant. Contrôlons de temps en temps notre méditation avec notre esprit d'alerte. Si notre esprit erre vers un autre objet, ou si nous ne savons plus ce que veut dire vacuité et que nous nous concentrons sur un simple néant, il faut reprendre les contemplations, pour qu'à nouveau la vacuité apparaisse avec clarté à notre esprit.

On peut se demander : « S'il n'y a pas de je qui existe vraiment, alors qui est-ce qui est en train de méditer ? Qui est-ce qui se lèvera de sa méditation, parlera aux autres et répondra quand il sera appelé par son nom ? » Bien qu'il n'y ait rien, à l'intérieur du corps et de l'esprit ou séparé du corps et de l'esprit, qui soit le je, cela ne veut pas dire que le je n'existe pas du tout. Bien que le je n'existe d'aucune des quatre manières mentionnées ci-dessus, il existe cependant conventionnellement. Le je est simplement une désignation imputée par l'esprit conceptuel sur la collection du corps et de l'esprit. Tant que nous nous contentons de la simple désignation « je », il n'y a aucun problème. Nous pouvons penser « J'existe », « Je vais en ville » et ainsi de suite. Le problème ne survient que lorsque nous cherchons un je différent de la simple imputation conceptuelle « je ». L'esprit de saisie du soi saisit un je qui existe de façon ultime, indépendamment de toute imputation conceptuelle, comme s'il y avait un je « réel » qui existait derrière l'étiquette. Si un tel je existait, nous pourrions le trouver, mais nous avons vu que ce je ne peut pas être trouvé par l'investigation. La conclusion de notre recherche est catégorique : le je est définitivement introuvable. Cette introuvabilité du je est la vacuité du je, la nature ultime du je. Le je qui existe en tant que simple imputation est la nature conventionnelle du je.

LA VACUITÉ DU CORPS

Identifier l'objet de négation

La manière de méditer sur la vacuité du corps est semblable à la manière de méditer sur la vacuité du je. Nous devons d'abord identifier l'objet de négation.

Normalement, quand nous pensons « mon corps », un corps qui existe de son propre côté et qui est une seule entité, qui ne dépend pas de ses parties, apparaît à notre esprit. Ce corps est l'objet de négation et il est non existant. « Un corps qui existe vraiment », « un corps qui existe de façon inhérente » et « un corps qui existe de son propre côté » ont tous la même signification, et sont tous des objets de négation.

Réfuter l'existence de l'objet de négation

Si le corps existe de la façon dont il nous apparaît, il doit exister de l'une des deux manières suivantes : il est soit ses parties, soit séparé de ses parties. Il n'y a pas de troisième possibilité.

Si le corps est un avec ses parties, est-il ses parties prises individuellement ou la collection de ses parties ? S'il est ses parties individuelles, alors est-il les mains, le visage, la peau, les os, la chair ou les organes internes ? En vérifiant soigneusement « La tête est-elle le corps ? La chair est-elle le corps ? » et ainsi de suite, nous constaterons facilement qu'aucune des parties individuelles du corps n'est le corps.

Si le corps n'est pas ses parties individuelles, est-il la collection de ses parties ? La collection des parties du corps ne peut pas être le corps. Pourquoi ? Les parties du corps étant toutes des non-corps, comment une collection de non-corps pourrait-elle être le corps ? Les mains, les pieds et ainsi de suite, sont toutes des parties du corps, mais ne sont pas le corps lui-même. Bien que toutes ces parties soient assemblées les unes aux autres, cette collection demeure simplement des parties ; elle ne se transforme pas magiquement en le possesseur des parties, le corps.

Si le corps n'est pas ses parties, la seule autre possibilité est qu'il soit séparé de ses parties, mais si toutes les parties du corps venaient à disparaître il ne resterait rien qui puisse être appelé le corps. Imaginons que toutes les parties du corps se dissolvent dans la lumière et disparaissent. D'abord la peau se dissout, puis la chair, le sang et les organes internes et, finalement, le squelette fond et disparaît dans la lumière. Reste-t-il quelque chose qui soit notre corps ? Il ne reste rien. Il n'y a donc pas de corps séparé de ses parties.

Nous avons à présent épuisé toutes les possibilités. Le corps n'est pas ses parties et il n'est pas séparé de ses parties. Il est clair qu'on ne peut trouver le corps. Là où apparaissait auparavant un corps qui existe de façon inhérente apparaît maintenant l'absence de ce corps. Cette absence d'un corps qui existe de façon inhérente est la vacuité du corps.

Reconnaissant cette absence en tant qu'absence d'un corps qui existe de façon inhérente, nous méditons sur elle en un seul point. Une fois de plus, il faut examiner notre méditation avec notre esprit d'alerte pour nous assurer que nous méditons bien sur la vacuité du corps et non pas sur le néant. Si nous ne savons plus ce qu'est la vacuité, il faut retourner à la contemplation pour retrouver son sens.

Comme pour le je, le fait de ne pouvoir trouver le corps par l'investigation n'implique pas que le corps n'existe pas du tout. Le corps existe, mais seulement en tant qu'imputation conventionnelle. Selon une convention que nous acceptons, nous pouvons imputer « corps » à l'assemblage des membres, du tronc et de la tête, mais si nous essayons de mettre le doigt sur le corps, en espérant trouver un phénomène existant substantiellement auquel se rapporte le mot « corps », nous ne trouvons aucun corps. Cette introuvabilité du corps est la vacuité du corps, la nature ultime du corps. Le corps qui existe comme une simple imputation est la nature conventionnelle du corps.

Bien qu'il soit incorrect d'affirmer que le corps est identique à la collection des membres, du tronc et de la tête, il n'est pas faux de dire que le corps est imputé sur cette collection. Même si les parties du corps sont nombreuses, il n'y a qu'un corps. « Corps » est simplement une imputation faite par l'esprit qui l'impute. Il n'existe pas du côté de l'objet. Ce n'est pas une faute d'imputer un phénomène singulier à un groupe de plusieurs choses. Nous pouvons par exemple imputer le singulier « forêt » à de nombreux arbres qui sont ensemble ou « troupeau » à de nombreuses vaches qui sont ensemble.

Tous les phénomènes existent par convention, rien n'existe de façon inhérente. Ceci s'applique à l'esprit, à Bouddha et même à la vacuité. Tout est simplement imputé par l'esprit. Tous les phénomènes sont composés de parties, car les phénomènes physiques ont des parties physiques et les phénomènes non physiques ont divers attributs qui peuvent être distingués par la pensée. Le raisonnement précédent nous permet de réaliser que chaque phénomène n'est ni une de ses parties ni la collection de ses parties, et n'est pas non plus séparé de ses parties. De cette manière, nous pouvons réaliser la vacuité de tous les phénomènes.

Il est particulièrement bénéfique de méditer sur la vacuité d'objets qui éveillent en nous de fortes perturbations mentales, telles que l'attachement ou la colère. Par une analyse correcte, nous réaliserons que l'objet que nous désirons ou détestons n'existe pas de son propre côté – sa beauté ou sa laideur, et son existence même, sont imputées par l'esprit. Cette manière de penser nous fera découvrir que l'attachement ou la colère n'ont pas de base.

À cause de mauvaises habitudes mentales produites par une familiarité sans commencement avec l'ignorance de saisie du soi, tous les objets qui apparaissent à notre esprit semblent exister de leur propre côté. Cette apparence est totalement fallacieuse. En fait, les phénomènes sont complètement vides d'existence de leur propre côté. Ils n'existent qu'imputés par l'esprit. En nous familiarisant avec cette vérité, nous pouvons éradiquer la saisie du soi, la racine de toutes les perturbations mentales et de toutes les fautes.

Durant la journée, lorsque nous ne méditons pas, essayons de reconnaître que tout ce qui apparaît à notre esprit est dépourvu d'existence vraie. Dans un rêve, les choses apparaissent de façon nette au rêveur, mais, quand celui-ci se réveille, il, ou elle, réalise immédiatement que les objets apparus dans le rêve n'étaient que des apparences mentales qui n'existaient pas de leur propre côté. Il faut considérer tous les phénomènes de la même manière. Bien qu'ils apparaissent à notre esprit d'une manière très nette, ils n'ont pas d'existence inhérente.

L'illumination

Pour atteindre la pleine illumination, il est nécessaire de progresser à travers cinq étapes, appelées les « cinq voies mahayanas ». Ce sont :

1 La voie mahayana de l'accumulation
2 La voie mahayana de la préparation
3 La voie mahayana de la vision
4 La voie mahayana de la méditation
5 La voie mahayana au-delà de l'étude

Elles sont appelées « voies » parce que, tout comme les voies extérieures nous mènent à des destinations extérieures, ces voies intérieures nous mènent à notre destination spirituelle ultime, la pleine illumination.

Par la pratique de l'amour affectueux, de la grande compassion et de la bodhitchitta, nous nous familiarisons avec la bodhitchitta à un tel point que, finalement, elle se manifeste naturellement en nous, jour et nuit. Lorsque nous atteignons cette réalisation spontanée de la bodhitchitta,

Bouddha Roi du Mont Mérou

nous devenons un bodhisattva et nous engageons dans la première des cinq voies mahayanas, la voie de l'accumulation. Les bodhisattvas sur la voie de l'accumulation s'efforcent d'accumuler mérite et sagesse en pratiquant les six perfections. Entre les séances de méditation, ils pratiquent surtout les quatre premières perfections pour accumuler du mérite et venir directement en aide aux autres. Parmi les nombreuses manières dont les bodhisattvas aident les autres, la plus importante consiste à enseigner le dharma. En donnant des enseignements du dharma et en guidant les autres sur les voies spirituelles, les bodhisattvas aident les êtres vivants à atteindre un bonheur pur et durable, qu'ils ne pourraient pas obtenir en ne recevant qu'une aide matérielle.

Vers la fin de la voie de l'accumulation, les bodhisattvas atteignent une réalisation spéciale, appelée la « concentration du continuum du dharma ». Cette concentration leur permet de se souvenir de tout le dharma qu'ils ont étudié et compris au cours de leurs vies antérieures, et de ne jamais oublier ce qu'ils ont appris dans cette vie. Elle leur permet aussi de voir directement les corps d'émanation suprêmes des bouddhas et d'en recevoir des enseignements.

Durant leurs séances de méditation, les bodhisattvas qui sont sur la voie de l'accumulation cherchent surtout à améliorer les perfections de la stabilisation mentale et de la sagesse. Sur cette voie, la tâche principale du bodhisattva est de développer l'union du calme stable et de la vue supérieure qui observe la vacuité. La plupart des bodhisattvas sur la voie de l'accumulation ont déjà une compréhension de la vacuité et, puisqu'il est impossible de développer la bodhitchitta spontanée sans le calme stable, ils ont nécessairement déjà atteint le calme stable. Il faut maintenant qu'ils combinent leur compréhension de la vacuité avec leur expérience du calme stable grâce à des méditations analytiques et placées répétées sur la vacuité. Ils parviennent finalement au point où, au lieu d'interférer avec la stabilité de leur concentration, l'analyse ne fait qu'accroître leur concentration. Pour eux, la concentration du calme stable est comme de l'eau claire et tranquille, et l'analyse de la vue supérieure comme un petit poisson qui nage dans cette eau sans troubler sa tranquillité. Au moment où un bodhisattva atteint l'union du calme stable et de la vue supérieure qui observe la vacuité, il, ou elle, s'engage dans la voie de la préparation.

La voie de la préparation est appelée ainsi parce que le bodhisattva se prépare à réaliser la vacuité directement. Le bodhisattva continue, entre les séances de méditation, à pratiquer les perfections du don, de la discipline morale, de la patience et de l'effort afin de venir en aide aux autres et d'accumuler du mérite, et pendant la séance de méditation il, ou elle, continue à méditer sur la vacuité. À ce niveau-là, la méditation du bodhisattva sur la vacuité est encore conceptuelle – c'est-à-dire que la vacuité apparaît encore à son esprit mélangée avec une image générique. C'est pourquoi il perçoit encore une apparence dualiste. Le but de la voie mahayana de la préparation est de rapprocher de plus en plus l'esprit de son objet, la vacuité, jusqu'à ce que finalement ils fusionnent complètement, l'image générique se dissolvant et toutes les apparences dualistes disparaissant dans la vacuité. On y parvient grâce à des méditations répétées sur la vacuité avec l'union du calme stable et de la vue supérieure.

Pour éradiquer les apparences dualistes, les bodhisattvas méditent sur la vacuité de l'esprit et sur la vacuité de la vacuité. En pratiquant ces profondes méditations avec la sagesse de la vue supérieure, ils sont capables de surmonter progressivement des niveaux de plus en plus subtils d'apparence dualiste. Finalement, même la plus subtile des apparences dualistes cesse durant l'équilibre méditatif, et l'esprit et la vacuité se mélangent comme de l'eau mélangée avec de l'eau. À ce moment-là, le méditant a l'impression que l'esprit et son objet sont la même chose. Il ne perçoit que la vacuité – aucun autre phénomène, pas même l'esprit, ne lui apparaît. Avec cet accomplissement, le bodhisattva devient un être supérieur et avance jusqu'à la voie mahayana de la vision.

La voie de la vision s'appelle ainsi parce que, sur cette voie, le bodhisattva voit la vacuité directement, sans l'intermédiaire d'une image générique. Après avoir vu directement la vérité ultime, l'esprit du bodhisattva est en parfait accord avec la réalité. C'est parce que les apparences ne peuvent plus le tromper que le bodhisattva devient une source de refuge parfaitement fiable, un sangha-joyau.

Sur la voie de la vision, le bodhisattva abandonne les perturbations mentales formées intellectuellement, c'est-à-dire celles qui sont produites par des raisonnements incorrects, ou l'adhésion à des vues philosophiques ou religieuses erronées. C'est parce que le bodhisattva a vu directement la vacuité, la nature réelle des phénomènes, qu'il est impossible que ces perturbations mentales se manifestent encore dans son esprit.

Lorsque le bodhisattva entre dans la voie mahayana de la vision, il atteint simultanément la première des dix terres du bodhisattva, appelée « Très Joyeuse ». Sur cette terre, le bodhisattva acquiert de nombreuses qualités extraordinaires. De fortes perturbations mentales comme la colère et la jalousie ne peuvent plus se produire dans son esprit. Par exemple, même dans les situations les plus provocantes, il ne se mettra jamais en colère. De plus, à ce niveau-là, il ne ressent aucune douleur, même si quelqu'un coupait son corps en morceaux. Ayant réalisé directement que lui-même et son corps sont tous deux vides d'existence inhérente, étant simplement imputés par la conception, il ne ressent pas plus de douleur si son corps était découpé qu'il n'en aurait s'il voyait couper un arbre. Sur la première terre, un bodhisattva possède aussi des qualités spéciales basées sur le chiffre « cent ». Il, ou elle, peut voir par exemple cent bouddhas en un instant, il peut contempler cent éons dans le passé et dans le futur, et manifester une centaine de corps simultanément. Ces qualités spéciales sont expliquées dans *Océan de nectar.*

Sur chacune des dix terres, le bodhisattva atteint une expérience spéciale de l'une des perfections. Sur la première terre, il, ou elle, atteint une réalisation sans égale de la perfection du don. Pour venir en aide aux êtres vivants, il est capable de donner son corps et sa vie sans le moindre regret. Sur la deuxième terre, il atteint une réalisation sans égale de la perfection de la discipline morale et ne commet plus la moindre action négative, même dans ses rêves. Sur la troisième terre, il atteint une réalisation sans égale de la perfection de la patience, et sur les quatrième, cinquième et sixième terres, il atteint respectivement des réalisations sans égales des perfections de l'effort, de la stabilisation mentale et de la sagesse. Sur les septième, huitième, neuvième et dixième terres, le bodhisattva atteint des expériences spéciales des perfections des moyens habiles, de la prière, du pouvoir et de la sagesse exaltée, qui sont toutes des aspects de la perfection de la sagesse.

Bien que sur la voie de la vision, un bodhisattva abandonne les perturbations mentales formées intellectuellement, il ne peut pas encore abandonner les perturbations mentales innées. Ce sont les perturbations mentales avec lesquelles nous sommes nés, par opposition à celles que nous acquérons en étant en contact avec des systèmes de pensée incorrects. Étant donné qu'elles sont profondément incrustées dans notre esprit, il est plus difficile d'abandonner ces perturbations mentales que d'abandonner celles qui sont formées intellectuellement.

Lorsque sa méditation sur la vacuité est assez puissante pour abandonner le niveau le plus grossier des perturbations mentales innées, le bodhisattva entre dans la voie de la méditation. Il y a neuf niveaux de perturbations mentales innées – depuis les grandes grandes jusqu'aux petites petites. Purifier notre esprit de ces perturbations mentales ressemble au lavage de vêtements sales. Si nos habits sont très sales, il est nécessaire de les nettoyer plusieurs fois pour qu'ils deviennent complètement propres. La plus grande saleté part au premier lavage, mais pour enlever les taches les plus subtiles et les plus incrustées, il faut laver les vêtements plusieurs fois. De la même manière, nous ne pouvons pas nettoyer notre esprit de ses perturbations mentales d'un seul coup. Pour purifier complètement notre esprit, il est nécessaire de méditer encore et encore sur la vacuité. Nous abandonnons d'abord les perturbations mentales les plus grossières, puis, progressivement, les perturbations mentales de plus en plus subtiles.

Sur la septième terre, le bodhisattva développe une sagesse assez puissante pour abandonner les perturbations mentales les plus subtiles, les petites petites et, sur la huitième terre, il a complètement abandonné toutes les perturbations mentales, y compris les petites petites. Toutefois, le bodhisattva a encore les empreintes de ses perturbations mentales qui restent dans son esprit, à la manière d'une odeur d'ail qui imprègne encore un récipient après qu'on l'en ait retiré. Comme il a été mentionné précédemment, les empreintes des perturbations mentales sont les obstructions à l'omniscience. Sur la huitième terre, le bodhisattva médite sur la vacuité pour abandonner les obstructions grossières à l'omniscience. Quand il les a complètement abandonné, il progresse jusqu'à la neuvième terre. Sur la neuvième terre, il continue à méditer sur la vacuité pour abandonner les obstructions subtiles à l'omniscience et, lorsque celles-ci sont complètement abandonnées, il progresse jusqu'à la dixième terre.

Tout à la fin de la dixième terre, le bodhisattva entre dans un équilibre méditatif sur la vacuité, appelé « concentration semblable au vajra de la voie de la méditation », qui agit en tant qu'antidote direct aux obstructions très subtiles à l'omniscience. Cette concentration est aussi connue sous le nom de « sagesse exaltée du continuum final » parce que c'est le dernier esprit d'un être limité. L'instant d'après, il, ou elle, a abandonné les obstructions très subtiles à l'omniscience et les apparences dualistes très subtiles, il a atteint la voie mahayana au-delà de l'étude et devient un bouddha conquérant.

Il est impossible de décrire toutes les qualités d'un bouddha. La compassion d'un bouddha, sa sagesse et son pouvoir sont complètement au-delà de notre imagination. Comme plus rien n'obscurcit son esprit, il voit tous les phénomènes de l'univers aussi clairement que s'il voyait un joyau dans la paume de sa main. Par la force de sa compassion, un bouddha fait spontanément tout ce qui est approprié pour venir en aide aux autres. Il, ou elle, n'a pas besoin de penser à la meilleure façon d'aider les êtres vivants – il agit naturellement et sans effort de la manière la plus bénéfique. De même que le soleil n'a pas besoin de se motiver pour répandre sa lumière et sa chaleur, mais le fait simplement parce que la lumière et la chaleur sont sa nature même, un bouddha n'a pas besoin de se motiver pour venir en aide aux autres. Il le fait simplement parce qu'aider les êtres vivants est sa nature même.

Comme les reflets de la lune apparaissent sans effort sur n'importe quelle étendue d'eau tranquille, les émanations d'un bouddha apparaissent spontanément dans l'esprit de tous les êtres vivants capables de les percevoir. Les bouddhas peuvent se manifester sous n'importe quelle forme pour aider les êtres vivants. Ils se manifestent parfois en tant que bouddhistes et parfois en tant que non-bouddhistes. Ils peuvent se manifester sous la forme de femmes ou d'hommes, de monarques ou de vagabonds, de citoyens respectueux des lois ou de criminels. Ils peuvent même se manifester sous la forme d'animaux, de vent, de pluie, de montagnes ou d'îles. À moins d'être nous-mêmes un bouddha, nous ne pouvons absolument pas dire ce qui est ou non l'émanation d'un bouddha.

Parmi toutes les manières dont un bouddha aide les êtres vivants, la manière suprême est de se manifester en tant que guide spirituel. Grâce à ses enseignements et à son exemple immaculé, un guide spirituel authentique conduit ses disciples sur la voie spirituelle qui mène à la libération et à l'illumination. Si nous rencontrons un guide spirituel mahayana qualifié et mettons en pratique tout ce qu'il, ou elle, enseigne, il est certain que nous atteindrons la pleine illumination et deviendrons un bouddha conquérant. Nous pourrons alors rendre la bonté de tous les êtres vivants en les libérant des souffrances du samsara et en les conduisant jusqu'à la félicité suprême de la bouddhéité.

Dédicace

J'ai écrit ce livre, *Introduction au bouddhisme,* avec une motivation pure. Grâce aux vertus que j'ai accumulées en composant ce livre, et grâce à toutes mes autres vertus et à celles des autres, que le pur bouddhadharma s'épanouisse à travers le monde, que tous les êtres mères soient libérés aussi vite que possible de la prison du samsara pour atteindre le bonheur suprême d'un bouddha conquérant.

Guéshé Kelsang Gyatso
Manjushri Mahayana
Buddhist Centre, Angleterre

Le jour de l'illumination de Bouddha
Juin 1992

Appendice I

Les engagements de la prise de refuge

Les engagements de la prise de refuge

Lorsque nous prenons refuge, nous promettons d'observer douze engagements particuliers. En les observant avec sincérité, nous protégeons notre esprit de refuge et celui-ci deviendra progressivement plus puissant. Ces engagements constituent la fondation de toutes les réalisations des étapes de la voie. Ayant compris cela, ne les considérons pas comme un fardeau, mais pratiquons-les avec joie et sincérité.

Parmi ces douze engagements, six sont spécifiques et six sont généraux. Les six premiers engagements sont dits spécifiques parce qu'ils concernent l'un des trois joyaux. Il y a deux engagements à l'égard de Bouddha, deux à l'égard du dharma et deux à l'égard de la sangha. Chacun comporte une chose à abandonner et une chose à pratiquer. Les six autres engagements s'adressent aussi bien à Bouddha, qu'au dharma et à la sangha. Voici une brève explication de ces douze engagements.

LES DEUX ENGAGEMENTS SPÉCIFIQUES
À L'ÉGARD DE BOUDDHA

1 Ne pas prendre refuge en des enseignants qui contredisent la pensée de Bouddha, ou en des dieux samsariques. Lorsque nous prenons refuge en Bouddha, nous nous engageons à ne pas prendre un refuge ultime en des enseignants qui contredisent la pensée de Bouddha ou en des dieux mondains. Ceci ne veut pas dire que nous ne pouvons pas recevoir d'aide d'une autre personne, cela signifie que nous ne nous en remettons pas aux autres pour nous assurer d'une protection ultime contre la souffrance.

2 Considérer toute image de Bouddha comme un véritable bouddha. Lorsque nous prenons refuge en Bouddha, nous nous engageons aussi à considérer toute image de Bouddha comme un véritable bouddha. Chaque fois que nous voyons une statue de Bouddha, qu'elle soit en or ou en tout autre matériau, il faut la regarder comme étant un véritable bouddha. Nous ne devons pas nous préoccuper du matériau utilisé ou de la qualité de l'ouvrage, mais rendons-lui hommage en faisant des offrandes et des prosternations, et en prenant refuge. Si nous pratiquons ainsi notre mérite augmentera abondamment.

LES DEUX ENGAGEMENTS SPÉCIFIQUES
À L'ÉGARD DU DHARMA

3 Ne pas faire de mal aux autres. Lorsque nous prenons refuge en le dharma, nous nous engageons à cesser de faire du mal aux autres. Au lieu de maltraiter les autres, essayons chaque fois que nous le pouvons de leur venir en aide avec la meilleure motivation possible. Efforçons-nous d'abord de diminuer nos mauvaises pensées et de cultiver de bonnes intentions à l'égard de nos proches, tels que nos amis et notre famille. Lorsque nos sentiments seront toujours positifs à l'égard de nos proches, nous pourrons progressivement étendre notre pratique pour y inclure de plus en plus de personnes, jusqu'à ce que finalement notre cœur s'ouvre à l'égard de tous les êtres vivants. Si nous réussissons à abandonner nos mauvaises pensées et à avoir toujours une intention bénéfique, nous atteindrons facilement les réalisations du grand amour et de la grande compassion. Ainsi, nous commencerons, dès le début de notre pratique du refuge, à faire grandir notre compassion, l'essence même du bouddhadharma.

4 Considérer toute écriture du dharma comme un véritable dharma-joyau. Lorsque nous prenons refuge en le dharma, nous nous engageons aussi à considérer toutes les écritures du dharma comme un véritable dharma-joyau. Le dharma est la source de toute santé et de tout bonheur. Puisque nous ne pouvons pas voir les véritables dharma-joyaux avec nos yeux, nous avons besoin de considérer les textes du dharma comme de véritables dharma-joyaux. Il n'y a que l'étude, la contemplation et la méditation de la signification des écritures qui produisent les véritables dharma-joyaux. Nous devons respecter chaque lettre des écritures et chaque lettre des explications des enseignements de Bouddha. Nous devons par conséquent traiter les livres du dharma avec grand soin, éviter de les enjamber ou de les placer à des endroits inappropriés où ils pourraient être endommagés ou mal utilisés. Chaque fois que nous négligeons ou abîmons nos livres du dharma, nous créons les causes de l'augmentation de notre ignorance, parce que ces actions sont similaires à l'abandon du dharma. Le grand enseignant tibétain Guéshé Sharawa vit un jour des gens qui jouaient négligemment avec leurs livres du dharma et il leur dit : « Ne faites pas cela. Vous êtes déjà assez ignorants. Pourquoi voulez-vous vous rendre encore plus ignorants ? »

LES DEUX ENGAGEMENTS SPÉCIFIQUES À L'ÉGARD DE LA SANGHA

5 Ne pas se laisser influencer par ceux qui rejettent les enseignements de Bouddha. Lorsque nous prenons refuge en la sangha, nous avons l'engagement de cesser de nous laisser influencer par ceux qui rejettent les enseignements de Bouddha. Cela ne veut pas dire qu'il faut abandonner ces personnes, mais simplement qu'il ne faut pas nous laisser influencer par leurs point de vue. Sans abandonner l'amour et la considération pour les autres, il est nécessaire de rester vigilants pour être sûrs de ne pas nous laisser entraîner par leurs mauvaises habitudes et leurs conseils mal avisés.

6 Considérer tous ceux qui portent les robes d'une personne ordonnée comme un véritable sangha-joyau. Lorsque nous prenons refuge en la sangha, nous nous engageons aussi à reconnaître tous ceux qui portent les robes d'une personne ordonnée comme un véritable sangha-joyau. Même si les membres ordonnés de la sangha sont pauvres, il est important de toujours leur témoigner notre respect, car ils observent la discipline morale, et c'est une chose très rare et très précieuse.

LES SIX ENGAGEMENTS GÉNÉRAUX

7 Prendre sans cesse refuge en les trois joyaux, en se rappelant quelles sont leurs qualités et leurs différences. Le dharma est comme un bateau qui peut nous faire traverser l'océan du samsara. Bouddha est comme l'habile capitaine de ce bateau et la sangha est comme son équipage. Rappelons-nous cela et prenons encore et encore refuge en les trois joyaux.

8 Offrir la première portion de tout ce que nous mangeons et buvons aux trois joyaux en se rappelant leur bonté. Puisque nous devons manger et boire plusieurs fois par jour, si nous offrons toujours la première portion de notre nourriture et de notre boisson aux trois joyaux en nous souvenant de leur bonté, nous augmenterons considérablement notre mérite. Nous pouvons le faire avec la prière suivante :

Je te fais cette offrande, Bouddha Shakyamouni,
Dont l'esprit est la synthèse de tous les bouddha-joyaux,
Dont la parole est la synthèse de tous les dharma-joyaux,
Dont le corps est la synthèse de tous les sangha-joyaux.
Ô être béni, s'il te plaît, accepte ceci et bénis mon esprit.

OM AH HOUM (3x)

Il est important de toujours se souvenir de la bonté de Bouddha. Tout notre bonheur est le résultat de sa bonté parce que toutes les actions de Bouddha sont remplies de compassion et de sollicitude pour les autres, et que ce sont ces actions qui nous rendent capables d'accomplir les actions vertueuses qui sont la cause de notre bonheur.

Sans la bonté de Bouddha, nous ne connaîtrions ni les causes réelles du bonheur ni celles de la souffrance. Bouddha nous a enseigné comment tout bonheur et toute souffrance dépendent de l'esprit. Il nous a montré comment abandonner les états d'esprit qui causent la souffrance et comment cultiver ceux qui sont la cause du bonheur. En d'autres termes, il nous a enseigné des méthodes parfaites pour vaincre la souffrance et atteindre le bonheur. Personne d'autre ne nous a enseigné ces méthodes. Bouddha est tellement bon !

Notre propre corps humain est une preuve de la bonté de Bouddha. C'est grâce aux bénédictions et aux instructions de Bouddha que nous avons été en mesure de créer la cause qui nous a permis de renaître sous une forme humaine, avec toutes les libertés et dotations nécessaires à la pratique spirituelle. Si nous avons maintenant la possibilité d'apprendre le dharma et de rencontrer des guides spirituels, c'est uniquement grâce à la bonté de Bouddha. Nous pouvons maintenant pratiquer les méthodes qui conduisent à la pleine illumination et obtenir des réalisations spirituelles uniquement parce que Bouddha a été assez bon pour tourner la roue du dharma et nous montrer son exemple dans ce monde. Même le peu de sagesse, qui nous permet de discerner ce qui est bénéfique de ce qui est nuisible, et de reconnaître les bienfaits des enseignements de Bouddha est un résultat de sa bonté.

Il est faux de penser que Bouddha n'aide que ceux qui le suivent. Bouddha a atteint l'illumination pour venir en aide à tous les êtres vivants. Il se manifeste pour aider les autres sous de nombreuses formes différentes, même parfois sous la forme d'un enseignant non bouddhiste. Il n'existe pas d'être vivant qui n'ait bénéficié de sa bonté.

9 Avec compassion, toujours encourager les autres à prendre refuge. Il faut toujours essayer d'aider les autres à prendre refuge, à condition de le faire habilement. Si nous connaissons quelqu'un qui est intéressé par le dharma, aidons-le à développer les causes de la prise de refuge : la peur de la souffrance et la foi en les trois joyaux. Nous pouvons lui parler de l'impermanence – la manière dont les conditions de notre vie changent et dont notre corps vieillit et se détériore – ainsi que des souffrances de la vieillesse, de la maladie et de la mort. Nous pouvons lui parler de ce qui arrivera après la mort, des différentes sortes de renaissances, qui ont toutes la nature de la souffrance. Si nous introduisons habilement ces sujets dans la conversation, notre interlocuteur commencera à douter et à se sentir mal à l'aise, et tout naturellement il cherchera à savoir ce qu'il peut faire. Nous pouvons alors lui expliquer ce que sont Bouddha, le dharma et la sangha, et comment ils peuvent nous aider. Ensuite, nous pouvons lui expliquer comment prendre refuge.

Si nous aidons quelqu'un de cette manière, avec tact, sans arrogance ni impatience, nous lui apporterons de réels bienfaits. Il n'est jamais sûr que les cadeaux matériels que nous donnons aux autres les aident réellement, parfois ils leur causent même plus de problèmes. La meilleure manière d'aider les autres est de leur faire connaître le dharma. Si nous ne pouvons pas donner d'explications élaborées, nous pouvons au moins donner de bons conseils à ceux qui sont malheureux et les aider à résoudre leurs problèmes grâce au dharma.

10 Prendre refuge au moins trois fois pendant le jour et trois fois pendant la nuit, en se rappelant les bienfaits de la prise de refuge. Afin de ne jamais oublier les trois joyaux, il faut prendre refuge toutes les quatre heures, ou au moins trois fois pendant le jour et trois fois pendant la nuit. Si nous n'oublions jamais les trois joyaux et que nous contemplons régulièrement les bienfaits de la prise de refuge, nous obtiendrons très rapidement des réalisations. Soyons comme un homme d'affaires, qui n'oublie jamais ses projets, même lorsqu'il se détend.

11 Accomplir chaque action avec une foi totale en les trois joyaux. Il faut s'en remettre aux trois joyaux dans toutes nos entreprises. De cette façon, toutes nos actions connaîtront le succès. Il n'est pas nécessaire de rechercher l'inspiration et les bénédictions de dieux mondains, par contre il faut toujours essayer de recevoir les bénédictions de Bouddha, du dharma et de la sangha, en faisant des offrandes et des requêtes.

12 Ne jamais abandonner les trois joyaux, même au prix de notre vie, ou bien par plaisanterie. Il ne faut jamais abandonner les trois joyaux parce que la prise de refuge est la fondation de toutes les réalisations du dharma. Un jour, un bouddhiste fut capturé et son ennemi lui dit : « Renonce à ton refuge en Bouddha, sinon je te tue. » Il refusa de renier son refuge et fut tué, mais des clairvoyants virent qu'il avait immédiatement repris naissance en tant que dieu.

Appendice II

Le *Soutra mahayana des trois cumuls supérieurs*

Introduction

Une des méthodes les plus puissantes pour purifier notre karma négatif est la pratique qui est associée avec le *Soutra mahayana des trois cumuls supérieurs*, également connu sous le nom de *La confession des chutes morales du bodhisattva.*

Ce qui suit est le texte racine du soutra, ainsi qu'une courte explication de la pratique. Une explication détaillée se trouve dans le livre *Le vœu du bodhisattva.*

Le Soutra mahayana des trois cumuls supérieurs

Namo : La confession des chutes morales du bodhisattva

Moi, dont le nom est . . . , à chaque instant, je prends refuge en le gourou, je prends refuge en le Bouddha, je prends refuge en le dharma, je prends refuge en la sangha.

Devant l'enseignant, l'être béni, le tathagata, destructeur de l'ennemi, bouddha complètement parfait, Glorieux Conquérant Shakyamouni, je me prosterne.

Devant le tathagata, Subjugueur Complet avec l'Essence du Vajra, je me prosterne.

Devant le tathagata, Joyau de Lumière Radieuse, je me prosterne.

Devant le tathagata, Puissant Roi des Nagas, je me prosterne.

Devant le tathagata, Chef des Héros, je me prosterne.

Devant le tathagata, Glorieux Plaisir, je me prosterne.

Devant le tathagata, Joyau de Feu, je me prosterne.

Devant le tathagata, Joyau de Clair de Lune,
je me prosterne.

Devant le tathagata, Trésor de Contemplation,
je me prosterne.

Devant le tathagata, Joyau de Lune, je me prosterne.

Devant le tathagata, Être Immaculé, je me prosterne.

Devant le tathagata, Octroyeur de Gloire, je me prosterne.

Devant le tathagata, Être Pur, je me prosterne.

Devant le tathagata, Qui Transforme avec Pureté,
je me prosterne.

Devant le tathagata, Déité de l'Eau, je me prosterne.

Devant le tathagata, Dieu des Déités de l'Eau,
je me prosterne.

Devant le tathagata, Glorieuse Excellence,
je me prosterne.

Devant le tathagata, Glorieux Bois de Santal,
je me prosterne.

Devant le tathagata, Splendeur Sans Fin, je me prosterne.

Devant le tathagata, Glorieuse Lumière, je me prosterne.

Devant le tathagata, Être Glorieux sans Tristesse, je me prosterne.

Devant le tathagata, Fils sans Avidité, je me prosterne.

Devant le tathagata, Fleur Glorieuse, je me prosterne.

Devant le tathagata, Qui Connaît Clairement par la Jouissance d'un Rayonnement Pur, je me prosterne.

Devant le tathagata, Qui Connaît Clairement par la Jouissance du Rayonnement du Lotus, je me prosterne.

Devant le tathagata, Glorieuse Richesse, je me prosterne.

Devant le tathagata, Glorieuse Vigilance, je me prosterne.

Devant le tathagata, Nom Glorieux de Grande Renommée, je me prosterne.

Devant le tathagata, Roi de la Bannière de la Victoire Tête des Êtres Puissants, je me prosterne.

Devant le tathagata, Être Glorieux Subjugueur Complet, je me prosterne.

Devant le tathagata, Grand Vainqueur dans les Batailles, je me prosterne.

Devant le tathagata, Être Glorieux Subjugueur Complet Passé Au-delà, je me prosterne.

Devant le tathagata, Glorieuse Parure qui Illumine Tout, je me prosterne.

Devant le tathagata, Joyau du Lotus Grand Subjugueur, je me prosterne.

Devant le tathagata, destructeur de l'ennemi, bouddha complètement parfait, Roi du Mont Mérou Fermement Assis sur un Joyau et un Lotus, je me prosterne.

Ô vous tous [tathagatas] et tous les autres, quel que soit le nombre de tathagatas, vous les destructeurs de l'ennemi, les bouddhas complètement parfaits, les êtres bénis qui résidez et demeurez dans tous les règnes mondains des dix directions, vous tous, les bouddhas, les êtres bénis, s'il vous plaît, écoutez-moi.

Dans cette vie et dans toutes mes vies depuis des temps sans commencement, dans tous les endroits où j'ai pris renaissance alors que j'errais dans le samsara, j'ai commis des actions négatives, j'ai donné l'ordre de les commettre et je me suis réjoui qu'elles aient été commises. J'ai volé les biens des bases d'offrande, les biens de la sangha et les biens des sanghas des dix directions, j'ai donné l'ordre de les voler et je me suis réjoui qu'elles aient été volées. J'ai commis les cinq actions infiniment abominables, j'ai donné l'ordre de les commettre et je me suis réjoui qu'elles aient été commises. Je me suis complètement engagé dans la voie des dix actions non vertueuses, j'ai ordonné aux autres de s'y engager et je me suis réjoui qu'ils s'y soient engagés.

Entravé par de telles obstructions karmiques, je vais devenir un être de l'enfer, ou je renaîtrai en tant qu'animal, ou j'irai dans le pays des esprits affamés, ou je renaîtrai sous la forme d'un barbare dans un pays irréligieux, ou je renaîtrai sous la forme d'un dieu à la longue vie, ou j'aurai des sens imparfaits, ou j'adhérerai à des vues erronées ou bien je n'aurai pas la possibilité de plaire à un bouddha.

Toutes ces obstructions karmiques, je les déclare en présence des bouddhas, les êtres bénis, qui sont devenus la sagesse exaltée, qui sont devenus des « yeux », qui sont devenus des témoins, qui sont devenus valides, qui voient avec leur sagesse. Je les confesse sans dissimuler ni cacher quoi que ce soit, et à partir de maintenant j'éviterai et m'abstiendrai de commettre de telles actions.

Vous tous les bouddhas, les êtres bénis, s'il vous plaît, écoutez-moi. Dans cette vie et dans toutes mes vies précédentes depuis des temps sans commencement, dans tous les endroits où j'ai pris renaissance alors que j'errais dans le samsara, toute racine de vertu qui se trouve dans mes actions de donner aux autres, même dans le don d'un petit morceau de nourriture à celui qui est né en tant qu'animal, toute racine de vertu qui se trouve dans le maintien de la discipline morale, toute racine de vertu qui se trouve dans mes actions qui contribuent à la grande libération, toute racine de vertu qui se trouve dans mes actions destinées à faire mûrir pleinement les êtres sensibles, toute racine de vertu qui se trouve dans mon effort pour générer l'esprit d'illumination suprême et toute racine de vertu qui se trouve dans mon insurpassable sagesse exaltée, tout cela assemblé, collecté et réuni ensemble, en le dédiant entièrement à l'insurpassable, à ce dont il n'existe rien de plus élevé, à ce qui est même plus élevé que l'élevé et à ce qui surpasse l'insurpassable, je le dédie pleinement à l'insurpassable, parfaite et complète illumination.

Tout comme les bouddhas, les êtres bénis du passé ont dédié pleinement, tout comme les bouddhas, les êtres bénis qui vont encore venir dédieront pleinement et tout comme les bouddhas, les êtres bénis qui vivent maintenant dédient pleinement, moi aussi je dédie pleinement.

Je confesse individuellement toutes mes actions négatives. Je me réjouis de tout le mérite. Je supplie et adresse des requêtes à tous les bouddhas. Puissé-je atteindre la sainte, suprême et insurpassable sagesse exaltée.

Vous tous les conquérants, les êtres suprêmes en vie maintenant, ceux du passé et également ceux qui vont encore venir, avec un océan de louanges sans limites pour toutes vos qualités et avec mes mains jointes, je vais près de vous pour prendre refuge.

Ceci conclut le soutra mahayana intitulé le *Soutra des trois cumuls supérieurs*.

UNE EXPLICATION DE LA PRATIQUE

Ce soutra est appelé le *Soutra des trois cumuls supérieurs* parce qu'il contient trois « cumuls » ou collections de vertu : la prosternation, la purification et la dédicace. Dans cette pratique, nous visualisons les trente-cinq bouddhas de la confession et nous pratiquons la purification en leur présence. En général, tous les bouddhas ont le pouvoir de protéger les êtres vivants de la souffrance et du karma négatif. Toutefois, étant donné qu'ils ont fait certaines prières et certaines dédicaces alors qu'ils étaient des bodhisattvas, ces trente-cinq bouddhas ont un lien karmique particulier avec les êtres humains de ce monde. Par le pouvoir de leurs bénédictions et de leurs prières, nous pouvons purifier rapidement même les actions négatives les plus graves en récitant simplement leur nom avec foi.

Afin d'augmenter notre enthousiasme pour les pratiques de purification, et pour faire grandir notre foi et notre respect envers les bouddhas, nous pouvons contempler ce qui suit :

Tous les problèmes que j'ai rencontrés depuis des temps sans commencement, et tous les problèmes que je rencontrerai à l'avenir, sont le résultat de mon karma négatif. Par conséquent, rien ne peut être plus bénéfique que de pratiquer la purification avec sincérité.

Les bouddhas sont les parfaits témoins de la confession. Il est possible de purifier tout le karma négatif que j'ai accumulé depuis des temps sans commencement grâce au pouvoir de leurs bénédictions. C'est seulement grâce à leur bonté que j'ai la possibilité de pratiquer la purification.

Nous visualisons Bouddha Shakyamouni dans l'espace devant nous, assis sur un trône orné de joyaux, soutenu par huit éléphants blancs qui symbolisent le pouvoir de purification. Devant Bouddha se trouvent les trente-quatre autres bouddhas, ils sont assis sur cinq rangées. Dans la première rangée, la plus proche de Bouddha Shakyamouni, se trouvent les six premiers bouddhas, placés de gauche à droite quand on les regarde. Les autres vingt-huit bouddhas sont placés sur quatre rangées par groupe de sept, chaque rangée étant placée un peu plus bas et un peu plus en avant que la précédente. Tous ces bouddhas sont assis sur des trônes ornés de joyaux, sur des coussins de lotus, de lune et de soleil. Cette assemblée des trente-cinq bouddhas de la confession est entourée par tous les bouddhas et bodhisattvas des dix directions.

Il faut savoir le nom de chaque bouddha, ainsi que le monde sur lequel il préside, sa couleur, les gestes de ses mains, les objets qu'il tient et quel est le karma négatif particulier que l'on purifie en récitant son nom. Nous pouvons apprendre les gestes des mains et les objets qui sont tenus par chaque bouddha en étudiant les dessins de ce livre. Les autres caractéristiques se trouvent dans *Le vœu du bodhisattva*.

En focalisant notre esprit sur l'assemblée visualisée des trente-cinq bouddhas et les ayant reconnu pour être l'essence de tous les bouddha-joyaux, dharma-joyaux et sangha-joyaux, nous générons une foi profonde et prenons refuge tout en récitant les premières lignes du soutra. Puis, en gardant la grande foi et la ferme conviction développées en prenant refuge, nous faisons, tout en récitant le nom de chaque bouddha, des prosternations physiques qui sont une requête pour la purification de notre karma négatif.

Il y a trois manières de faire les prosternations physiques. Nous pouvons faire des prosternations entières avec tout notre corps étendu sur le sol, des demi-prosternations en s'agenouillant respectueusement et en touchant le sol avec la paume de nos mains et notre front, ou un geste de respect, tel que joindre nos mains au niveau de notre cœur.

Nous pouvons soit faire une seule prosternation devant chaque bouddha au moment où nous récitons son nom, puis recommencer le cycle autant de fois que nous le souhaitons, soit faire un certain nombre de prosternations, disons sept, vingt et une, cinquante ou cent, devant le premier bouddha tout en récitant son nom, puis continuer en faisant le même nombre de prosternations devant le deuxième bouddha et ainsi de suite. Si nous procédons ainsi, nous ne serons probablement pas capables de terminer les prosternations devant tous les trente-cinq bouddhas au cours d'une seule séance, dans ce cas nous commencerons simplement la séance suivante là où nous nous sommes arrêtés.

Après avoir récité les noms des bouddhas tout en faisant les prosternations, nous pouvons soit continuer de nous prosterner, soit nous asseoir pour réciter le reste du soutra. Nous demandons aux êtres saints de nous prêter attention et d'être les témoins de notre confession. Nous reconnaissons que par le passé nous avons commis de nombreuses actions extrêmement négatives et avec un grand remords nous les confessons toutes en présence des êtres saints. Nous générons un grand regret en contemplant le sort qui nous attend si nous négligeons de purifier ces actions, puis nous pratiquons une méthode spéciale pour les purifier. En notre cœur, nous visualisons tous les potentiels de nos actions négatives sous la forme d'une lettre PAM noire. Puis, nous imaginons que le karma négatif de tous les autres êtres vivants se rassemble sous l'aspect de fumée et se dissout dans le PAM et nous pensons que le PAM est devenu l'essence de toute notre propre négativité et de celle des autres. Nous imaginons que la lumière de sagesse et le nectar de couleur blanche descendent du cœur de tous les trente-cinq bouddhas et entrent dans notre corps par le sommet de notre tête. Lorsqu'ils atteignent le PAM, ils le détruisent complètement, tout comme une lampe détruit l'obscurité dès qu'elle est allumée. Nous croyons fermement que tout notre karma négatif créé depuis des temps sans commencement a été purifié. La lumière de sagesse pénètre notre corps et notre esprit ; elle augmente notre durée de vie, notre bonne fortune, notre pouvoir physique et mental et nos réalisations du dharma.

Nous terminons notre purification en faisant la promesse de nous abstenir de commettre des actions négatives à l'avenir. Certains pratiquants peuvent promettre de s'abstenir de toutes les chutes morales et de toutes les actions négatives pour le reste de leur vie et ils ne rompent jamais cette promesse en s'en remettant à leur vigilance, à leur esprit consciencieux et à leur esprit d'alerte. Si nous ne sommes pas encore capables de faire une telle promesse, promettons d'abord de nous abstenir de toutes les actions négatives pendant une semaine, par exemple. Ensuite, nous prolongeons progressivement la durée de cette discipline morale de la retenue jusqu'à un mois, un an et ainsi de suite, jusqu'à ce que nous puissions promettre de nous en abstenir pour le reste de notre vie. Il est important d'observer tout ce que nous avons promis aux bouddhas et à notre guide spirituel parce que les promesses qui ont été rompues sont un sérieux obstacle à notre progrès spirituel.

Après la purification, nous faisons la dédicace pour être sûrs que dans le futur notre pratique produira de grands et puissants résultats. Nous commençons par demander aux bouddhas d'être les témoins de notre dédicace. Puis nous dédions toutes nos vertus et celles des autres à l'accomplissement du corps de forme et du corps de vérité d'un bouddha, afin de devenir capables de venir en aide à tous les êtres vivants.

Nous terminons la récitation du soutra avec cette courte prière de confession, nous nous réjouissons, nous supplions les bouddhas de ne pas s'en aller et leur demandons de tourner la roue du dharma. Nous dédions les vertus de cette courte prière à l'accomplissement de la sainte, suprême sagesse exaltée, insurpassable – en d'autres termes à la sagesse omnisciente de Bouddha.

Les dernières lignes du soutra enseignent explicitement la prise de refuge en les bouddhas des trois temps et révèlent implicitement la prise de refuge en le dharma et la sangha. La signification essentielle de ces lignes est que la pratique des trois cumuls supérieurs – prosternation, purification et dédicace – doit être combinée avec la prise de refuge en les trois joyaux.

La meilleure manière d'éviter de commettre des actions négatives ou d'encourir des chutes morales est de toujours maintenir un bon cœur, grâce à la pratique des vingt et une méditations expliquées dans *Le manuel de méditation*, et la meilleure méthode pour purifier les actions négatives, et les chutes morales déjà accumulées, est la pratique du *Soutra des trois cumuls supérieurs*. Avec ces deux pratiques, nous allons pouvoir sauvegarder dans sa totalité le mode de vie du bodhisattva que nous avons adopté.

Glossaire

Apparence dualiste L'apparence simultanée à l'esprit d'un objet et de l'existence inhérente de cet objet. Voir *Le cœur de la sagesse.*

Attachement Un facteur mental perturbé qui observe un objet contaminé, le considère comme une cause de bonheur et le désire. Voir *Comprendre l'esprit.*

Auto-préoccupation Une attitude mentale qui considère sa propre personne comme étant suprêmement importante ou précieuse. Elle est considérée comme l'un des principaux objets à abandonner par les bodhisattvas. Voir *Huit étapes vers le bonheur.*

Avalokiteshvara « Tchènrézig » en tibétain. La personnification de la compassion de tous les bouddhas.

Bardo Voir *État intermédiaire.*

Bénédictions La transformation de notre esprit d'un état négatif en un état positif, d'un état malheureux en un état heureux ou d'un état de faiblesse en un état de force, grâce à l'inspiration d'êtres saints, tels que notre guide spirituel, les bouddhas et les bodhisattvas.

Bodhisattva Une personne qui a généré la bodhitchitta spontanée mais qui n'est pas encore devenue un bouddha. Dès l'instant où un pratiquant a généré une bodhitchitta non artificielle, ou spontanée, il, ou elle, est devenu un bodhisattva et s'engage dans la première voie mahayana, la voie de l'accumulation. Un bodhisattva ordinaire n'a pas réalisé la vacuité directement, alors qu'un bodhisattva supérieur a atteint une réalisation directe de la vacuité. Voir *La voie joyeuse* et *Trésor de contemplation*.

Bodhitchitta Mot sanscrit qui signifie « esprit d'illumination ». « Bodhi » signifie « illumination », et « tchitta » « esprit ». Il y a deux types de bodhitchitta : la bodhitchitta conventionnelle et la bodhitchitta ultime. Le terme « bodhitchitta » se rapporte généralement à la bodhitchitta conventionnelle, qui est un esprit primaire, motivé par la grande compassion, qui recherche spontanément l'illumination pour venir en aide à tous les êtres vivants. On distingue deux types de bodhitchitta conventionnelle – la bodhitchitta qui aspire et la bodhitchitta qui s'engage. La bodhitchitta ultime est une sagesse, motivée par la bodhitchitta conventionnelle, qui réalise directement la vacuité, la nature ultime des phénomènes. Voir également *Bodhitchitta qui aspire* et *Bodhitchitta qui s'engage*. Voir *La voie joyeuse* et *Huit étapes vers le bonheur*.

Bodhitchitta qui aspire Une bodhitchitta qui est un simple désir d'atteindre l'illumination pour le bien de tous les êtres vivants. Voir également *Bodhitchitta*.

Bodhitchitta qui s'engage Une bodhitchitta maintenue par les vœux du bodhisattva. Voir également *Bodhitchitta*.

Bouddha Un être qui a complètement abandonné toutes les perturbations mentales et leurs empreintes. Voir *La voie joyeuse*.

Bouddhadharma Voir *Dharma*.

Bouddha Shakyamouni Le quatrième des mille bouddhas fondateurs qui vont apparaître dans ce monde au cours de cet éon fortuné. Les trois premiers furent Krakoutchtchanda, Kanakamouni et Kashyapa. Le cinquième bouddha sera Maitreya.

Bouddhisme kadampa Une école bouddhiste mahayana fondée par le grand maître bouddhiste indien Atisha (982-1054 après J.-C.). Voir également *Kadampa* et *Tradition kadampa*.

Brahma Un dieu mondain, « Déva » en sanscrit.

Calme stable Une concentration qui possède la félicité particulière de la souplesse physique et mentale, que l'on atteint en accomplissant les neuf placements de l'esprit. Voir *La voie joyeuse*.

Canal central Le canal principal le long duquel se trouvent les roues des canaux. Il est situé au centre même de notre corps. Voir *Les terres et les voies tantriques*.

Claire lumière Un esprit très subtil manifeste qui perçoit une apparence semblable à un espace clair et vide. Voir *Claire lumière de félicité*.

Clairvoyance Capacités acquises qui proviennent d'une concentration spéciale. Il y a cinq types principaux de clairvoyance : la clairvoyance de l'œil divin (la capacité de voir des formes subtiles et éloignées), la clairvoyance de l'oreille divine (la capacité d'entendre des sons subtils et éloignés), la clairvoyance des pouvoirs miraculeux (la capacité d'émaner diverses formes au moyen de l'esprit), la clairvoyance de se souvenir de ses vies antérieures et la clairvoyance de connaître l'esprit des autres. Certains êtres, comme les êtres du bardo, certains êtres humains et certains esprits ont une clairvoyance contaminée qui se développe par le fait du karma, mais ce n'est pas une véritable clairvoyance.

Cognition valide Une cognition qui n'est pas trompeuse en ce qui concerne son objet engagé. Il en existe deux types : les cognitions valides issues d'inférence et les cognitions valides directes. Voir *Le cœur de la sagesse* et *Comprendre l'esprit*.

Collection de mérite Une action vertueuse, motivée par la bodhitchitta, qui est une cause principale pour atteindre le corps de forme d'un bouddha. Faire des offrandes aux êtres saints et se prosterner devant eux avec la motivation de bodhitchitta, pratiquer les perfections du don, de la discipline morale et de la patience en sont des exemples.

Collection de sagesse Une action mentale vertueuse, motivée par la bodhitchitta, qui est une cause principale pour atteindre le corps de vérité d'un bouddha. Écouter, contempler et méditer sur la vacuité avec la motivation de bodhitchitta en sont des exemples.

Concentration semblable au vajra Le dernier moment de la voie mahayana de la méditation. C'est l'antidote des obstructions très subtiles à l'omniscience. L'instant d'après, la personne atteint la voie mahayana au-delà de l'étude, ou bouddhéité.

Confession Purification du karma négatif au moyen des quatre pouvoirs d'opposition : le pouvoir de la confiance, le pouvoir du regret, le pouvoir de la force d'opposition et le pouvoir de la promesse. Voir *Le vœu du bodhisattva.*

Contentement Être satisfait de ses propres conditions extérieures et intérieures, notre motivation étant une intention vertueuse.

Corps de forme Le corps de jouissance et le corps d'émanation d'un bouddha. Voir également *Corps d'un bouddha.*

Corps d'émanation suprême Un corps d'émanation spécial qui présente les trente-deux signes majeurs et les quatre-vingts indications mineures. Il ne peut être vu par les êtres ordinaires que s'ils ont un karma très pur. Voir également *Corps d'un bouddha.*

Corps de vérité Le corps de nature et le corps de vérité-sagesse d'un bouddha. Voir également *Corps d'un bouddha.*

Corps d'un bouddha Un bouddha a quatre corps – le corps de vérité-sagesse, le corps de nature, le corps de jouissance et le corps d'émanation. Le premier est l'esprit omniscient d'un bouddha. Le deuxième est la vacuité, ou nature ultime, de son esprit. Le troisième est son corps de forme subtil. Le quatrième, dont chaque bouddha manifeste un nombre incalculable, sont les corps de forme grossiers que les êtres ordinaires peuvent voir. Le corps de vérité-sagesse et le corps de nature font partie du corps de vérité, alors que le corps de jouissance et les corps d'émanation font partie du corps de forme. Voir *La voie joyeuse* et *Océan de nectar.*

Dédicace La dédicace est une intention vertueuse dont la fonction est en même temps d'empêcher que la vertu que nous avons accumulée ne dégénère et de la faire accroître. Voir *La voie joyeuse.*

Démon « Mara » en sanscrit. Tout ce qui fait obstruction à l'accomplissement de la libération ou de l'illumination. Il y a quatre principaux types de maras : le mara des perturbations mentales, le mara des agrégats contaminés, le mara de la mort incontrôlée et les maras Dévapoutra. Seuls ces derniers sont de véritables êtres sensibles. Le principal mara Dévapoutra est l'Ishvara courroucé, le dieu le plus élevé du règne du désir, qui habite le Pays qui Contrôle les Émanations. Un bouddha est appelé un « conquérant » parce qu'il, ou elle, a vaincu les quatre types de maras. Voir *Le cœur de la sagesse.*

Destructeur de l'ennemi « Arhat » en sanscrit. Un pratiquant qui a abandonné toutes les perturbations mentales et leurs graines en s'entraînant aux voies spirituelles, et qui ne renaîtra plus jamais dans le samsara. Dans ce contexte, le mot « ennemi » se rapporte aux perturbations mentales.

Dharma Les enseignements de Bouddha et les réalisations intérieures que nous atteignons en mettant ces enseignements en pratique.

Dharmapala Voir *Protecteurs du dharma.*

Dieu Un être du règne des dieux, le règne le plus élevé parmi les six règnes du samsara. Il y a de nombreux différents types de dieux. Certains sont des dieux du règne du désir, alors que d'autres sont des dieux du règne de la forme ou du règne du sans forme.

Dix directions Les quatre directions cardinales, les quatre directions intermédiaires et les directions vers le haut et vers le bas.

Djé Tsongkhapa (1357-1419 après J.-C.) Une émanation de Mandjoushri, le Bouddha de la Sagesse. Son apparition en tant que moine tibétain au quatorzième siècle et tenant de la lignée de la vue et des actions pures fut prophétisée par Bouddha. Il répandit un bouddhadharma très pur dans l'ensemble du Tibet, montra comment combiner les pratiques du soutra et du tantra, et comment pratiquer un dharma pur pendant une époque dégénérée. Sa tradition devint connue plus tard sous le nom de « tradition gandèn » ou « guéloug ». Voir *Le joyau du cœur* et *Grand trésor de mérite.*

Empreinte Il y a deux types d'empreintes : les empreintes des actions et les empreintes des perturbations mentales. Chaque action que nous effectuons laisse une empreinte sur la conscience mentale et ces empreintes sont des potentialités karmiques qui nous feront éprouver certains effets dans le futur. Les empreintes laissées par les perturbations mentales restent même après que celles-ci ont été abandonnées, à la manière d'une odeur d'ail qui persiste dans un récipient longtemps après que l'ail en a été retiré. Les empreintes des perturbations mentales sont les obstructions à l'omniscience et elles ne sont complètement abandonnées que par les bouddhas.

Équilibre méditatif Concentration en un seul point sur un objet vertueux tel que la vacuité.

Esprit conceptuel Une pensée qui appréhende son objet par l'intermédiaire d'une image générique. Voir *Comprendre l'esprit.*

Esprit consciencieux Un facteur mental qui, en dépendance de l'effort, chérit ce qui est vertueux et protège l'esprit contre les perturbations mentales et ce qui est non vertueux. Voir *Trésor de contemplation.*

Esprit d'alerte Ce facteur mental est un type de sagesse qui examine l'activité de notre corps, de notre parole et de notre esprit, et qui sait si oui ou non des fautes se produisent. Voir *Comprendre l'esprit.*

Esprit non conceptuel Une cognition à laquelle son objet apparaît avec clarté sans être mélangé avec une image générique. Voir *Comprendre l'esprit.*

Esprit primaire Une cognition qui appréhende surtout la simple entité d'un objet. Synonyme de conscience. Il y a six esprits primaires : la conscience de l'œil, la conscience de l'oreille, la conscience du nez, la conscience de la langue, la conscience du corps et la conscience mentale. Chaque moment de l'esprit comprend un esprit primaire et divers facteurs mentaux. Un esprit primaire et les facteurs mentaux qui l'accompagnent sont la même entité mais ont des fonctions différentes. Voir *Comprendre l'esprit.*

Étapes de la voie Voir *Lamrim.*

État intermédiaire « Bardo » en tibétain. L'état entre la mort et la renaissance. Il commence au moment où la conscience quitte le corps et cesse au moment où la conscience entre dans le corps de la vie suivante. Voir *La voie joyeuse.*

Être ordinaire Tout être qui n'a pas réalisé la vacuité directement.

Être sensible « Sèm tchän » en tibétain. Tout être qui possède un esprit contaminé par des perturbations mentales ou leurs empreintes. Les termes « être sensible » et « être vivant » sont tous deux utilisés pour distinguer les êtres, dont l'esprit est contaminé par l'une de ces deux obstructions, des bouddhas dont l'esprit est totalement libéré de ces obstructions.

Être supérieur « Arya » en sanscrit. Un être qui a une réalisation directe de la vacuité. Il y a des êtres supérieurs hinayanas et des êtres supérieurs mahayanas.

Facteur mental Une cognition qui appréhende surtout un attribut particulier d'un objet. Il y a cinquante et un facteurs mentaux spécifiques. Chaque instant de l'esprit comprend un esprit primaire et divers facteurs mentaux. Voir *Comprendre l'esprit.*

Foi Un état d'esprit naturellement vertueux dont la fonction principale est de s'opposer à la perception de défauts dans son objet observé. Il y a trois types de foi : la foi croyante, la foi admirative et la foi désirante. Voir *Transformez votre vie.*

Grande libération Grande illumination, ou bouddhéité.

Guéshé Un titre donné dans les monastères kadampas aux érudits bouddhistes accomplis. C'est la forme contractée de « gué wai shé nyèn » qui signifie littéralement « ami vertueux ».

Guide spirituel « Gourou » en sanscrit, « lama » en tibétain. Un enseignant qui nous guide sur la voie spirituelle. Voir *La voie joyeuse* et *Grand trésor de mérite.*

Hinayana Mot sanscrit pour « petit véhicule ». Le but hinayana est simplement d'atteindre sa propre libération de la souffrance, en abandonnant complètement les perturbations mentales. Voir *La voie joyeuse.*

Image générique L'objet apparaissant d'un esprit conceptuel. Voir *Comprendre l'esprit.*

Imputation Selon l'école madhyamika-prasanghika, tous les phénomènes sont simplement imputés par la conception en dépendance de leur base d'imputation. Par conséquent ils n'existent pas le moins du monde de leur propre côté. Voir *Le cœur de la sagesse.*

Indra Un dieu mondain. Voir *Le cœur de la sagesse.*

Intention Un facteur mental dont la fonction est de déplacer son esprit primaire jusqu'à son objet de sorte qu'il s'engage dans un objet vertueux, non vertueux ou neutre. Toutes les actions physiques et verbales commencent par le facteur mental intention. Voir *Comprendre l'esprit.*

Jalousie Un facteur mental perturbé qui ressent du déplaisir lorsqu'il observe les plaisirs, les qualités et le succès des autres. Voir *Comprendre l'esprit.*

Kadampa Un mot tibétain dans lequel « ka » veut dire « parole » et se rapporte à tous les enseignements de Bouddha, « dam » se rapporte aux instructions spéciales du lamrim d'Atisha, appelées les « étapes de la voie de l'illumination », et « pa » se rapporte à un adepte du bouddhisme kadampa qui intègre tous les enseignements de Bouddha qu'il connaît dans sa pratique du lamrim. Voir également *Bouddhisme kadampa* et *Tradition kadampa.*

Lamrim Un mot tibétain qui signifie littéralement « les étapes de la voie ». C'est un arrangement particulier de tous les enseignements de Bouddha, qui est facile à comprendre et à mettre en pratique. Il révèle toutes les étapes de la voie de l'illumination. Pour un commentaire complet, voir *La voie joyeuse.*

Langri Tangpa, Guéshé (1054-1123 après J.-C.) Un grand enseignant kadampa, célèbre pour sa réalisation de l'échange de soi avec les autres. Il est l'auteur des *Huit versets de l'entraînement de l'esprit.* Voir *Huit étapes vers le bonheur.*

Maitreya La personnification de l'amour affectueux de tous les bouddhas. À l'époque de Bouddha Shakyamouni, il s'est manifesté sous la forme d'un disciple bodhisattva. Dans les temps futurs, il se manifestera sous la forme du cinquième bouddha universel.

Mantra Un mot sanscrit qui signifie littéralement « protection de l'esprit ». Un mantra protège l'esprit des apparences et des conceptions ordinaires. Il y a quatre types de mantra : les mantras qui sont esprit, les mantras qui sont vent intérieur, les mantras qui sont son et les mantras qui sont forme. En général, il y a trois types de récitation de mantra : la récitation verbale, la récitation mentale et la récitation-vajra. Voir *Les terres et les voies tantriques.*

Mantra secret Synonyme de tantra. Les enseignements du mantra secret se différencient des enseignements du soutra en ce qu'ils révèlent des méthodes pour entraîner l'esprit en amenant le résultat futur, la bouddhéité, dans la voie présente. Le mantra secret est la voie suprême de la pleine illumination. Le terme « mantra » indique qu'il s'agit d'une instruction spéciale donnée par Bouddha pour protéger notre esprit des apparences et des conceptions ordinaires. Les pratiquants du mantra secret surmontent les apparences et les conceptions ordinaires en visualisant leur corps, leur environnement, leurs plaisirs et leurs actions comme étant ceux d'un bouddha. Le terme « secret » indique que ces pratiques sont à faire en privé et que seuls ceux qui ont reçu une transmission de pouvoir tantrique peuvent les pratiquer. Voir *Les terres et les voies tantriques.*

Mara Voir *Démon.*

Mérite La bonne fortune créée par les actions vertueuses. C'est le pouvoir potentiel d'accroître nos qualités et de produire le bonheur.

Nagardjouna Un grand érudit bouddhiste et maître de méditation indien qui fit renaître le mahayana au premier siècle après J.-C., en faisant connaître les enseignements sur les *Soutras de la perfection de la sagesse*. Voir *Océan de nectar.*

Nature conventionnelle Voir *Nature ultime.*

Nature de bouddha L'esprit racine d'un être sensible et sa nature ultime. Nature de bouddha, graine de bouddha et lignée de bouddha sont synonymes. Tous les êtres sensibles ont la nature de bouddha et ont par conséquent le potentiel d'atteindre la bouddhéité.

Nature ultime Tous les phénomènes ont deux natures : une nature conventionnelle et une nature ultime. Dans le cas d'une table, par exemple, la table elle-même, ainsi que sa forme, sa couleur et ainsi de suite, constituent la nature conventionnelle de la table. La nature ultime de la table est l'absence d'existence inhérente de la table. La nature conventionnelle d'un phénomène est une vérité conventionnelle et sa nature ultime est une vérité ultime. Voir *Le cœur de la sagesse.*

Neuf placements de l'esprit Neuf niveaux de concentration qui conduisent au calme stable : le placement simple, le placement continu, le replacement, le placement serré, le placement qui contrôle, le placement qui pacifie, le placement qui pacifie complètement, le placement en un seul point et le placement équilibré. Voir *La voie joyeuse.*

Nouvelle tradition kadampa Voir *Tradition kadampa.*

Objet de négation Un objet explicitement nié par un esprit qui réalise un phénomène négatif. Également appelé « objet nié ».

Pays pur Un environnement pur dans lequel il n'y a pas de vraies souffrances. Il existe de nombreux pays purs. Toushita par exemple est le pays pur de Bouddha Maitreya, Soukhavati est le pays pur de Bouddha Amitabha, et le Pays des Dakinis, ou Kéadjra, est le pays pur de Bouddha Vajrayogini et de Bouddha Hérouka. Voir *Vivre de manière sensée et mourir dans la joie.*

Pays des Trente-trois Paradis Une des six demeures des dieux du règne du désir. Celles-ci sont, dans l'ordre : le Pays des Quatre Grands Rois, le Pays des Trente-trois Paradis, le Pays sans

Combat, le Pays Joyeux, le Pays où l'on Prend Plaisir aux Émanations et le Pays qui Contrôle les Émanations.

Perception exaltée Une réalisation spirituelle qui connaît parfaitement la nature de son objet principal. Elle est parfois appelée « sagesse exaltée ». Voir également *Voie/Voie spirituelle*.

Perception mentale Tous les états d'esprit font partie des cinq perceptions sensorielle ou de la perception mentale. Il y a deux types de perceptions mentales : les perceptions mentales conceptuelles et les perceptions mentales non conceptuelles. Perception mentale conceptuelle et pensée conceptuelle sont synonymes. Voir *Comprendre l'esprit*.

Perception sensorielle Une perception qui se développe en dépendance de sa condition dominante non commune, un pouvoir sensoriel qui possède une forme. Voir *Comprendre l'esprit*.

Perturbation mentale Un facteur mental qui provient d'une attention inappropriée et dont la fonction est de rendre l'esprit non paisible et incontrôlé. Il y a trois perturbations mentales principales : l'ignorance, l'attachement désirant et la colère. Ce sont elles qui donnent naissance à toutes les autres perturbations mentales, telles que la jalousie, l'orgueil et le doute perturbé. Voir également *Perturbations mentales innées* et *Perturbations mentales formées intellectuellement*. Voir *Comprendre l'esprit*.

Perturbations mentales formées intellectuellement Perturbations mentales qui se produisent en résultat de notre confiance en des raisonnements incorrects ou en des thèses fallacieuses. Voir *Comprendre l'esprit*.

Perturbations mentales innées Perturbations mentales qui ne sont pas le produit de la spéculation intellectuelle, mais qui se produisent naturellement. Voir *Comprendre l'esprit*.

Poudja Une cérémonie au cours de laquelle on fait des offrandes et d'autres actes de dévotion devant les êtres saints.

Pouvoirs miraculeux Voir *Clairvoyance.*

Prosternation Une action par laquelle nous témoignons notre respect avec le corps, la parole ou l'esprit. Voir *Le vœu du bodhisattva.*

Protecteur du dharma Une manifestation d'un bouddha ou d'un bodhisattva dont la fonction principale est d'éliminer les obstacles et de réunir toutes les conditions nécessaires à ceux qui pratiquent le dharma avec pureté. Également appelés « dharmapalas ». Voir *Le joyau du cœur.*

Purification Généralement, toute pratique qui mène à l'accomplissement d'un corps pur, d'une parole pure ou d'un esprit pur. De façon plus précise, c'est une pratique qui sert à purifier le karma négatif. Voir *Le vœu du bodhisattva.*

Quatre nobles vérités Les vraies souffrances, les vraies origines, les vraies cessations et les vraies voies. Elles sont appelées « nobles » vérités parce que ce sont de suprêmes objets de méditation. En méditant sur ces quatre objets, nous pouvons réaliser directement la vérité ultime et devenir ainsi un être noble, ou supérieur. Elles sont parfois appelées les « quatre vérités des supérieurs ». Voir *La voie joyeuse.*

Réalisation Une expérience stable et non fallacieuse d'un objet vertueux, qui nous protège directement de la souffrance.

Règne de la forme L'environnement des dieux qui possèdent une forme.

Règne du désir L'environnement des êtres de l'enfer, des esprits affamés, des animaux, des êtres humains, des demi-dieux et des dieux qui jouissent des cinq objets de désir.

Règne du sans forme L'environnement des dieux qui ne possèdent pas de forme.

Roue des canaux « Chakra » en sanscrit. Un centre focal où des canaux secondaires se branchent sur le canal central. Méditer sur ces points peut provoquer l'entrée des vents intérieurs dans le canal central. Voir *Les terres et les voies tantriques.*

Sagesse exaltée Voir *Perception exaltée.*

Saisie du soi Un esprit conceptuel pour qui tout phénomène existe de façon inhérente. L'esprit de saisie du soi donne naissance à toutes les autres perturbations mentales, telles que la colère et l'attachement. Il est la cause racine de toutes les souffrances et de toutes les insatisfactions. Voir *Le cœur de la sagesse.*

Sangha Selon la tradition du vinaya, toute communauté d'au moins quatre moines ou nonnes pleinement ordonnés. D'une façon générale, on peut aussi appeler sangha toute personne ordonnée, ou les laïcs qui ont pris les vœux du bodhisattva ou les vœux tantriques.

Shantidéva (687-763 après J.-C.) Un grand érudit bouddhiste et maître de méditation indien. Il est l'auteur du *Guide du mode de vie d'un bodhisattva*. Voir *Trésor de contemplation.*

Souplesse mentale Une flexibilité de l'esprit induite par une concentration vertueuse.

Soutra Les enseignements de Bouddha que tout le monde peut pratiquer sans avoir reçu de transmission de pouvoir. Ils comprennent les enseignements de Bouddha des trois rotations de la roue du dharma.

Soutras de la perfection de la sagesse Soutras de la deuxième rotation de la roue du dharma, dans lesquels Bouddha a révélé sa vue finale de la nature ultime de tous les phénomènes – la vacuité d'existence inhérente. Voir *Le cœur de la sagesse.*

Tantra Voir *Mantra secret.*

Temps dégénérés Une période au cours de laquelle l'activité spirituelle dégénère.

Terre/Terre spirituelle Une réalisation claire qui agit en tant que fondation de nombreuses qualités. Une réalisation claire est une réalisation qui est maintenue par le renoncement spontané ou la bodhitchitta spontanée. Les dix terres sont les réalisations des bodhisattvas supérieurs : Très Joyeuse, Immaculée, Lumineuse, Radieuse, Difficile à Surmonter, S'approchant, Allée au Loin, Immuable, Bonne Intelligence et Nuage du Dharma. Voir également *Voie/Voie spirituelle.*

Tradition kadampa La tradition pure du bouddhisme fondée par Atisha. Jusqu'à l'époque de Djé Tsongkhapa, les adeptes de cette tradition sont appelés les « Anciens kadampas » et après Djé Tsongkhapa les « Nouveaux kadampas ». Voir également *Kadampa* et *Bouddhisme kadampa.*

Transfert de conscience « Powa » en tibétain. Une pratique pour transférer la conscience dans un pays pur au moment de la mort. Voir *Vivre de manière sensée et mourir dans la joie.*

Trois joyaux Les trois objets du refuge ultime : le bouddha-joyau, le dharma-joyau et le sangha-joyau. On les appelle « joyaux » parce qu'ils sont à la fois rares et précieux. Voir *La voie joyeuse.*

Vacuité Absence d'existence inhérente, la nature ultime des phénomènes. Voir *Le cœur de la sagesse.*

Véhicule/Véhicule spirituel Une perception exaltée qui nous conduit à notre destination spirituelle finale. Voir également *Voie/Voie spirituelle.*

Vents intérieurs Vents subtils spéciaux liés à l'esprit. Ils circulent dans les canaux de notre corps. Notre corps et notre esprit ne peuvent pas fonctionner sans ces vents. Voir *Les terres et les voies tantriques*.

Vigilance Un facteur mental dont la fonction est de ne pas oublier l'objet réalisé par l'esprit primaire. Voir *Comprendre l'esprit*.

Vœux Promesses de s'abstenir de certaines actions. Les trois groupes de vœux sont : les vœux de libération personnelle de la pratimoksha, les vœux du bodhisattva et les vœux du mantra secret. Voir *Le vœu du bodhisattva*.

Voie/Voie spirituelle Une perception exaltée jointe à un renoncement non fabriqué, ou spontané. Voie spirituelle, terre spirituelle, véhicule spirituel et perception exaltée sont synonymes. Voir *Les terres et les voies tantriques*.

Vue supérieure Une sagesse particulière qui voit son objet avec clarté et qui est maintenue par le calme stable et la souplesse spéciale, induite par l'investigation. Voir *La voie joyeuse*.

Les programmes d'étude du bouddhisme kadampa

Le bouddhisme kadampa est une école du bouddhisme mahayana fondée par le grand maître bouddhiste indien, Atisha (982-1054 après J.-C.). Ceux qui suivent cette école sont appelés les « kadampas ». « Ka » veut dire « parole » et désigne tous les enseignements de Bouddha, et « dam » désigne les instructions spéciales du lamrim d'Atisha, appelées « les étapes de la voie de l'illumination ». C'est en intégrant leur connaissance de tous les enseignements de Bouddha dans la pratique du lamrim, qu'ils utilisent dans leur vie quotidienne, que les bouddhistes kadampas sont amenés à se servir des enseignements de Bouddha pour transformer leurs activités de tous les jours en la voie de l'illumination. Les grands enseignants kadampas sont célèbres non seulement pour leur grande érudition, mais aussi pour la très grande pureté et la parfaite sincérité de leur pratique spirituelle.

La lignée de ces enseignements – leur transmission orale et leurs bénédictions – est passée d'enseignant à disciple et s'est répandue dans la plus grande partie de l'Asie, et maintenant dans de nombreux pays occidentaux. Les enseignements de Bouddha, ou dharma, sont comparés à une roue qui va d'un pays à un autre, car les conditions changent, ainsi que les tendances karmiques des personnes qui vivent dans tel ou tel pays. La présentation du bouddhisme peut changer de forme en fonction des différentes sociétés et de leur culture, mais son authenticité essentielle est maintenue par la lignée ininterrompue de pratiquants réalisés qui en assurent la continuité.

Le bouddhisme kadampa a été d'abord introduit en Occident, en 1977, par le célèbre maître bouddhiste, le vénérable Guéshé Kelsang Gyatso. Depuis cette époque, il s'est montré infatigable dans ses efforts pour faire connaître le bouddhisme kadampa dans le monde entier, en donnant des enseignements complets et détaillés, en écrivant de nombreux textes qui montrent la profondeur du bouddhisme kadampa et en fondant la Nouvelle Tradition Kadampa (NTK), qui réunit maintenant plus de 400 centres du bouddhisme kadampa dans le monde. Chacun de ces centres offre des programmes d'étude basés sur la psychologie, la philosophie et la méditation bouddhistes, ainsi que des retraites, pour des pratiquants de tous les niveaux. Une importance particulière est donnée à la mise en pratique des enseignements de Bouddha dans la vie de tous les jours, pour que dans le monde entier nos problèmes humains soient résolus et que chacun connaisse une paix et un bonheur durables.

Le bouddhisme kadampa de la NTK est une tradition bouddhiste entièrement indépendante, sans aucune affiliation politique. C'est une association de centres et de pratiquants bouddhistes qui s'inspirent de l'exemple donné par les anciens maîtres bouddhistes kadampas et suivent leurs enseignements, tels qu'ils sont présentés par Guéshé Kelsang Gyatso.

Il y a trois raisons pour lesquelles nous avons besoin d'étudier et de pratiquer les enseignements de Bouddha : développer notre sagesse, cultiver un bon cœur et maintenir un état d'esprit paisible. Si nous ne nous efforçons pas de développer notre sagesse, nous resterons toujours éloignés de la vérité ultime, la vraie nature de la réalité. Bien que nous désirions être heureux, notre ignorance nous fait commettre des actions non vertueuses qui sont la cause principale de toutes nos souffrances. Si nous ne cultivons pas un bon cœur, notre motivation égoïste détruira nos relations harmonieuses avec les autres. Nous ne vivrons pas dans la paix et n'aurons pas la possibilité d'obtenir un bonheur pur. Sans paix intérieure, la paix extérieure est impossible. Si nous ne connaissons pas la paix de l'esprit, nous ne serons pas heureux même si les conditions extérieures sont excellentes, mais si par contre notre esprit est en paix, nous serons heureux, même si les conditions extérieures sont mauvaises. C'est pourquoi, le développement de ces qualités est de la plus haute importance pour notre bonheur quotidien.

Guéshé Kelsang Gyatso, également affectueusement appelé « Guéshé-la » par ses étudiants, a conçu trois programmes spirituels exceptionnels pour l'étude et la pratique systématiques du bouddhisme kadampa. Ces programmes d'études conviennent particulièrement bien à notre monde moderne – le Programme Général (PG), le Programme Fondamental (PF) et le Programme de Formation des Enseignants (PFE).

LE PROGRAMME GÉNÉRAL

Le Programme Général présente une introduction des bases du bouddhisme destinée aux débutants. Elle comprend une explication de la pensée, de la méditation et du mode de vie bouddhistes, ainsi que des enseignements et des pratiques plus avancées du soutra et du tantra.

LE PROGRAMME FONDAMENTAL

Le Programme Fondamental offre la possibilité d'approfondir notre compréhension et notre expérience du bouddhisme grâce à une étude systématique de cinq textes :

1 *La voie joyeuse* – un commentaire du texte du lamrim composé par Atisha, les étapes de la voie de l'illumination.
2 *La compassion universelle* – un commentaire de *L'entraînement de l'esprit en sept points* du bodhisattva Tchékhawa.
3 *Le cœur de la sagesse* – un commentaire du *Soutra du cœur.*
4 *Trésor de contemplation* – un commentaire du *Guide du mode de vie d'un bodhisattva* du vénérable Shantidéva.
5 *Comprendre l'esprit* – une explication détaillée de l'esprit, basée sur les œuvres des érudits bouddhistes Dharmakirti et Dignaga.

Étudier ces textes et les mettre en pratique nous apportera les bienfaits suivants :

(1) *La voie joyeuse* – nous obtenons la capacité de mettre tous les enseignements de Bouddha en pratique, que ce soit le soutra ou le tantra. Nous pouvons facilement faire des progrès, mener à leur terme les étapes de la voie pour atteindre le bonheur suprême de l'illumination. D'un point de vue pratique, le lamrim est le corps principal des enseignements de Bouddha et les autres enseignements en sont les membres.

(2) *La compassion universelle* – nous obtenons la capacité d'intégrer tous les enseignements de Bouddha dans notre vie de tous les jours et de résoudre tous nos problèmes.

(3) *Le cœur de la sagesse* – nous obtenons une réalisation de la nature ultime de la réalité. En obtenant cette réalisation, nous pouvons éliminer l'ignorance de saisie du soi qui est la racine de toutes nos souffrances.

(4) *Trésor de contemplation* – nous transformons nos activités quotidiennes en le mode de vie d'un bodhisattva, arrivant de cette façon à donner un sens à chaque instant de notre vie humaine.

(5) *Comprendre l'esprit* – nous comprenons la relation qui existe entre notre esprit et les objets extérieurs. Si nous comprenons que les objets dépendent de notre esprit subjectif, nous pouvons changer la manière dont ceux-ci nous apparaissent en changeant notre esprit. Nous allons progressivement obtenir la capacité de contrôler notre esprit et résoudre ainsi tous nos problèmes.

LE PROGRAMME DE FORMATION DES ENSEIGNANTS

Le Programme de Formation des Enseignants est destiné à ceux qui désirent devenir de véritables enseignants du dharma. Le futur enseignant étudiera douze textes du soutra et du tantra, qui comprennent les cinq textes mentionnés ci-dessus, et il lui sera demandé d'observer certains engagements ayant trait au comportement et au mode de vie, ainsi que d'accomplir un certain nombre de retraites.

Tous les centres du bouddhisme kadampa sont ouverts au public. Chaque année, des festivals, où nous célébrons le dharma, sont organisés aux USA et en Europe, dont deux en Angleterre. Des personnes viennent du monde entier pour recevoir des enseignements et des initiations ainsi que pour passer de bonnes vacances spirituelles. Il est possible de visiter ces centres tout au long de l'année.

Pour plus d'information, prenez contact avec :

Centre Bouddhiste Bodhitchitta
192 bd Voltaire
75011 Paris
France
Tél./Fax : (33) 1 43 67 87 87

E-mail : info@kadampa-fr.org
Site web : www.kadampa-fr.org

Centre Bouddhiste Kankala
823 rue Duluth Est
Montréal
Québec H2L 1B2
Canada
Tél./Fax : (1) 514 521 25 29

E-mail : info@kankala.org
Site web : www.kankala.org

Index

La lettre 'g' indique une entrée dans le glossaire.

A

action mentale 29
actions négatives (voir actions non vertueuses)
actions non vertueuses 30, 32, 58, 59, 62, 90
  les dix 32-7, 100
  trois sortes d'effets 33-7
actions vertueuses 30, 41, 67
activités mondaines 114
amour affectueux 89-93
animaux 31, 32, 39, 42, 54, 58
apparence dualiste 140 g
Atisha 191
attachement 16, 40, 136 g
  aux amis 47, 74
  aux possessions 47, 96
auto-préoccupation 102 g
Avalokiteshvara g
  mantra 24 g
avarice 96

B

bardo (voir état intermédiaire)
bavardage inutile 32, 35, 36
bénédiction 9, 158, 169 g
Bodh Gaya 8
bodhisattva 42, 104, 139 g
  deux tâches 95
  devenir un 87-94
bodhitchitta 43, 87-8, 94, 102, 137 g
  qui aspire et qui s'engage 94 g
bonheur, cause du 17, 29-30, 67, 156
bonté de nos mères 90-1

bonté de tous les êtres 90-3
Bouddha 3, 57, 60, 135 g
conquérant 9, 88, 145
qualités 5, 9, 145
refuge en 152, 155, 170, 173
Bouddha Shakyamouni 3 g
bonté de 156
enseignements de 40
histoire de la vie de 3-12
une vie antérieure de 102
bouddhadharma 12, 17, 83 g (voir également dharma)
essence du 153
bouddhéité (voir illumination)
bouddhisme (voir également bouddhadharma)
deux véhicules 10
bouddhisme kadampa g
bouddhiste 57
mode de vie 47-62
Brahma 4, 9 g

C

calme stable 79, 81-2, 117-21, 122 g
et vue supérieure 122, 139
canal central 16 g
cauchemar 31
cerveau 13
chakra (voir roue des canaux)
claire lumière 16, 21 g
clairvoyance 121 g
cognition valide 89 g
colère 15, 16, 93, 106-10, 136
développer la 106-7
défauts de la 66-7, 106-7
compassion 98, 153 (voir également grande compassion)
de bouddha 145
Comprendre l'esprit 194, 195
concentration 69, 81-2, 117-121 (voir également stabilisation mentale)
bienfaits de 118
concentration du continuum du dharma 139
concentration semblable à l'espace sur le dharmakaya 8
concentration semblable au vajra 9, 144 g
confession 58 g
considération 32
contentement 50 g
continuum mental (voir esprit, continuum)
convention 135
convoitise 35, 36
corps 74
qui existe de façon conventionnelle 135
qui existe de façon inhérente 133
relation avec l'esprit 13-5, 19, 22
corps de forme 124 g

corps d'émanation suprême 139 g (voir également corps d'un bouddha)
corps de vérité 124 g
corps d'un bouddha 124 g

D

dédicace 98, 147, 172 g
demi-dieux 31, 119
démon 8 g
désirs, incapacité de satisfaire nos 76-7
destructeur de l'ennemi 65 g
dharma 10-1, 57, 59, 153-4, 155, 191 g (voir également bouddhadharma ; pratique du dharma ; roue du dharma)
  écritures 154
  signification du 11
dharmapala 23, 24 (voir également protecteur du dharma)
dieu 31, 42, 68, 119, 152, 158 g
discipline morale 69, 79-81, 99-105 (voir également six perfections)
  de la retenue 100-3
  définition 81, 99
  qui consiste à rassembler les dharmas vertueux 103
  qui consiste à venir en aide aux êtres vivants 103-5
dix directions 166 g
Djé Tsongkhapa g
donner 95-9 (voir également six perfections)
  biens matériels 96-8
  dharma 98
  non-peur 99
dormir, rêver et se réveiller 21
douleur 142

E

écritures 153
effort 113-7 (voir également six perfections)
  trois types 116
émanation 9, 145
empreinte 30, 144 g
engagements (voir refuge, engagements)
ennemi 107
enseignements de Bouddha 40 (voir également dharma)
équilibre méditatif 141 g
esprit 13-8, 45-8 (voir également perception mentale ; perception sensorielle)
  conceptuel 123, 129, 140 g
  continuum 15, 19, 89
  et cerveau 13
  nature conventionnelle 123
  nature ultime 65, 88, 123
  niveaux 15, 21

non-conceptuel 123, 129, 140 g
primaire 87 g
relation avec le corps 13-5, 19, 22
esprit consciencieux 101, 172 g
esprit d'alerte 101, 131 g
esprit primaire g
esprits affamés 31, 33, 58, 96
étapes de la voie 151, 191 (voir également lamrim)
état intermédiaire 21 g
être ordinaire g
être illuminé (voir bouddha)
être sensible g
être supérieur 141 g
existence inhérente 125, 127-8, 130, 133

F

facteur mental g
foi 61, 116, 157 g

G

grande compassion 43, 61-2, 88, 93-4, 104
grande libération 87-8, 120 g
guerre 67, 107
guéshé g
guide spirituel 9, 60, 146, 156, 172 g

H

hinayana 10 g

I

ignorance 11, 154 (voir également ignorance de saisie du soi)
ignorance de saisie du soi 15-6, 82, 115, 136
objet de 132
racine du samsara 69, 79, 120, 125
illumination 87, 137, 146, 156
image générique 118, 123, 140 g
imputation 132, 135 g
Indra 4, 9 g
intelligence 121
intention 29 g

J

jalousie 15, 16, 74, 93, 142 g
je
nature ultime 132
qui existe de façon conventionnelle 132
qui existe de façon inhérente 127

K

kadampa g

karma 29-37, 39, 58, 62, 110, 112 (voir également actions non-vertueuses ; actions vertueuses)
corporel, verbal et mental 29
effets du 29, 67

L

La compassion universelle 194
La confession des chutes morales du bodhisattva 162
lamrim 191 g (voir également étapes de la voie)
Langri Tangpa, Guéshé 104-5 g
La voie joyeuse 32, 59, 82, 110, 194
Le cœur de la sagesse 130, 194
Le manuel de méditation 31, 51, 173
Le vœu du bodhisattva 37, 101, 103, 162, 170
libération 43, 47, 65-7, 77, 79-83
grande 87, 120
vue fallacieuse de la 119-20

M

mahayana 10, 43, 87, 116
cinq voies 137-46
maintenir des vues erronées 32, 35, 37
Maitreya, Bouddha 4 g
maladie 72, 73
mantra 24 g
mantra secret g (voir également tantra)
mara 8 g
mara Dévapoutra 8
Marpa 26-7
méchanceté 35, 37
méconduite sexuelle 32, 34, 36
méditation 17, 41, 45-51
cycle 51
sur la respiration 49
types 48
mensonge 35, 36
mère(s)
bonté de 90-1
reconnaître tous les êtres comme étant nos mères 89-91
mérite 98, 155 g
collection de 124 g
mode de vie d'un bodhisattva 87, 88, 95-124, 173
mort 21, 31, 53-6, 57-9, 96
méditation sur la 54-6
souffrances de la 73-4
mort, état intermédiaire et renaissance 21
motivation 98

N

Nagardjouna 9 g
naissance 70-1

nature conventionnelle 132, 135 g
de l'esprit 123
nature de bouddha 116 g
nature ultime 8, 82 g (voir également vacuité ; vérité ultime)
de l'esprit 65, 88, 123
du corps 135
du je 132
neuf placements de l'esprit 118 g
nirvana (voir libération)
non-soi (voir vacuité)
Nouvelle Tradition Kadampa 192 g

O

objet de négation g
identifier 125, 127-8, 133
réfuter 128-32, 133-6
objet non vertueux 48
objet vertueux 48
obstructions 9
à la libération 88
à l'omniscience 88, 144
Océan de nectar 142
offrandes 99, 155

P

paix 11, 47, 49, 50, 67
Paradis de Toushita 4 (voir également pays pur)
paresse 113-7
parole blessante 32, 35, 36
parole qui divise 32, 35, 36
patience 67, 106-13 (voir également six perfections)
bienfaits de la 109-10
de ne pas riposter 109-10
de penser en profondeur au dharma 113
d'endurer volontairement la souffrance 111-2
Pays des Trente-Trois Paradis 7 g
pays pur 9 g (voir également Paradis de Toushita)
perception exaltée g
perception mentale 117 g
perception sensorielle 117-8 g
personne ordonnée 154
perturbation mentale 15-7, 40, 59, 65, 118, 136 g
formée intellectuellement 141, 143 g
innée 143 g
peur 99
possessions 96
Potowa, Guéshé 92
poudja 24 g
pouvoirs miraculeux (voir clairvoyance)

pratique du dharma 11, 56, 72, 74, 114, 117
essence de la 16, 44
précieuse vie humaine 11, 39-40, 114
causes 41, 156
rareté 54
trois grands buts 41-4, 53
prières 42, 99, 103
problèmes 17, 42, 169
prosternation 42, 170 g
protecteur du dharma g
purification 32, 37, 58, 144, 162-73 g

Q

quatre nobles vérités 65-7 g

R

réalisation 82, 92, 113, 156 g
refuge 57-62
engagements 62, 101, 151-9
prière 61
règnes (voir six règnes)
règne de la forme 119 g
règne de l'enfer 31, 33, 58
règne du désir 119 g
règne du sans forme 119 g
réincarnation 5, 23-5 (voir également renaissance)
relations karmiques 89
renaissance 30, 39, 57, 89 (voir également réincarnation ; renaissance inférieure ; renaissance supérieure)
samsarique 66
renaissance inférieure 30, 33, 56, 58, 59, 62, 68
renaissance supérieure 30, 68, 96
renoncement 43, 61, 66, 68-78, 93, 112
rêves 21, 22-3, 142
richesse 96
roi tchakravatine 4, 10
roue des canaux g
roue du dharma 10, 65
trois rotations 10

S

sagesse 68, 82, 121-3, 156 (voir également sagesse qui réalise la vacuité ; six perfections ; vue supérieure)
collection de 124 g
sagesse exaltée (voir perception exaltée)
sagesse exaltée du continuum final 145

sagesse qui réalise la vacuité 60, 79, 82, 119, 123 (voir également sagesse, réalisation directe ; vue supérieure)
saisie du soi g
samsara 43, 65, 93, 94, 115
racine du 68, 79, 125
sommet du 119
souffrances du 68-78
trois règnes 119
sangha 57, 60, 141, 154 g
sangha-joyau 61, 141
satisfaction, manque de 76-8
Shantidéva 107, 109, 112 g
Sharawa, Guéshé 154
Siddhartha, prince 4-9, 44
simple imputation (voir imputation)
six perfections 87, 95-124, 139, 142-3
discipline morale 99-105
don 95-99
effort 113-7
patience 106-13
pratiquées ensemble 123-4
sagesse 121-3
stabilisation mentale 117-21
six règnes 31, 33, 39, 42 (voir également renaissance inférieure ; renaissance supérieure)
sommeil 16, 21
souffrance 5, 42
bonnes qualités de la 111-2
cause de 16, 30, 31-2, 156
des autres 93-4
sept contemplations 69-78, 93
souplesse g (voir également souplesse mentale)
souplesse mentale 82, 123 g
soutra g
Soutra de la discrimination de l'intention 10
Soutra des quatre nobles vérités 65
Soutra mahayana des trois cumuls supérieurs 37, 42, 162-8
Soutra(s) de la perfection de la sagesse 10 g
condensé 96, 102
stabilisation mentale 117-21 (voir également concentration ; six perfections)
stress 50
suicide 19

T

tantra 25 (voir également mantra secret)
Tarma Dodé 26-7
Tchandrakirti 109
Tchènrézig (voir Avalokiteshvara)
temps dégénérés 115 g

terres du bodhisattva, les dix 142-5
terre/terre spirituelle g (voir également terres du bodhisattva, les dix)
Tibet 26
tradition kadampa g
transfert de conscience 25-7 g
Transformez votre vie 110
trente-cinq bouddhas de la confession 42, 163-8
Trésor de contemplation 110
trois entraînements supérieurs 69, 79-83
trois joyaux 57, 60-2, 151-9 g
tuer 32, 33, 34, 36
  avec la motivation de bodhitchitta 102

V

vacuité 82, 125-36 g (voir également nature ultime ; sagesse qui réalise la vacuité ; vérité ultime)
  du corps 133-5
  du je 127-32
réalisation directe 82, 120, 122
véhicule/véhicule spirituel g
vents intérieurs 16, 21
vérité ultime 122, 125-36, 141 (voir également nature ultime ; vacuité)
vie humaine 57, 66 (voir également précieuse vie humaine)
  souffrances de la 68-78
vieillesse 71-2
vies passées et vies futures 19-27, 41
vigilance 101, 172 g
vœux g
  du bodhisattva 81, 101, 103, 121
  de l'ordination 81, 101
  du refuge 101
  tantriques 81, 101
voie/voie spirituelle g (voir également mahayana, cinq voies)
voler 34, 36
vue supérieure 122-3, 139 g
  et calme stable 122, 139

Autres lectures

Si vous avez aimé la lecture de ce livre et que vous voulez en savoir plus sur la pensée et la pratique bouddhistes, voici plusieurs livres de Guéshé Kelsang Gyatso que vous pourriez lire. Ils sont tous disponibles aux Éditions Tharpa.

LA VOIE JOYEUSE

La voie bouddhiste qui mène à l'illumination

Nous avons tous le potentiel d'une transformation profonde et une capacité illimitée de connaître la paix et le bonheur, mais pour que ce potentiel se réalise nous avons besoin de savoir exactement ce que nous devons faire tout au long de notre voyage spirituel.

Dans ce livre, Guéshé Kelsang, un maître de méditation pleinement accompli, nous offre ses conseils en nous guidant pas à pas dans toutes les méditations qui nous conduiront à la félicité du plein éveil spirituel. Il nous présente la totalité des enseignements de Bouddha, exactement dans l'ordre dans lequel ils sont à pratiquer, avec une simplicité magistrale et, avec à-propos, il les enrichit par de nombreuses histoires et analogies. En suivant ces instructions claires et précises, nous pourrons découvrir par nous-mêmes la joie éprouvée en progressant sur une voie bien structurée et très claire qui nous mène jusqu'à la pleine illumination.

« *Guéshé Kelsang Gyatso a une vue profonde de la totalité des enseignements de Bouddha et il s'y délecte. Les points techniques difficiles deviennent une prose agréable à lire et le texte dans son ensemble est à la fois prenant et éclairant.* » Tibetan Review

728 pages, 9 illustrations, glossaire, bibliographie, index.
Prix : 30 €, ISBN 2-913717-04-7

HUIT ÉTAPES VERS LE BONHEUR

Le chemin de l'amour et de la bonté dans le bouddhisme

Ce livre nous révèle des méthodes pratiques de transformation profonde qui nous donnent accès à la source du vrai bonheur : la sérénité intérieure. Guéshé Kelsang nous montre comment méditer sur les *Huit versets de l'entraînement de l'esprit* et comment découvrir par nous-mêmes la grande richesse de l'enseignement bouddhiste. Composé par le grand bodhisattva tibétain, Langri Tangpa, ce court poème nous montre comment transformer les problèmes de la vie courante en de grandes réalisations spirituelles. En Orient, ces méditations libératrices apportent depuis des siècles paix, inspiration et sérénité, d'une manière constante. Guéshé Kelsang Gyatso partage l'immense richesse de cette profonde sagesse avec tous ceux qui cherchent un bonheur durable.

352 pages, 19 illustrations, glossaire, bibliographie, index.
Prix : 23 €, ISBN 2-913717-05-5

LE VŒU DU BODHISATTVA

Manuel pratique qui explique comment aider les autres

Un bodhisattva est une personne motivée par le désir d'atteindre la pleine illumination pour le bien des autres. Pour accomplir ce désir, il, ou elle, prend les vœux du bodhisattva et les observe en pratiquant les six perfections : le don, la discipline morale, la patience, l'effort, la concentration et la sagesse. L'auteur donne des conseils clairs et précis sur chaque aspect de l'éthique du bodhisattva, et il explique également une puissante pratique de purification de l'esprit. Avec ce livre comme compagnon, chacun peut adopter le mode de vie d'un bodhisattva et avancer vers la félicité suprême de la pleine illumination.

172 pages, 35 illustrations, glossaire, bibliographie, index.
Prix : 15 €, ISBN 2-913717-07-1

LA COMPASSION UNIVERSELLE

Transformer sa vie grâce à l'amour et à la compassion

Les enseignements bouddhistes sur l'entraînement de l'esprit (lodjong en tibétain) sont réputés pour leur sagesse particulièrement pénétrante. Ce livre très inspirant nous explique *L'entraînement de l'esprit en sept points*, poème du grand pratiquant kadampa, Guéshé Tché-khawa (1102-1176). Grâce à ce texte et au commentaire de Guéshé Kelsang, nous découvrons l'amour inconditionnel et la grande compassion. Ce sont des qualités qui sont au cœur même des enseignements de Bouddha. Elles nous donnent la capacité de transformer nos difficultés quotidiennes en des possibilités de croissance personnelle et spirituelle. L'auteur nous montre le chemin de la liberté et du bonheur, et nous donne envie de le suivre. En cultivant une compassion dotée de sagesse, nous découvrons qu'il n'y a aucune contradiction entre prendre soin de soi-même et prendre soin des autres. Ce livre aura un impact remarquable sur notre vie.

272 pages, 14 illustrations, glossaire, bibliographie, index.
Prix : 16 €, ISBN 2-913717-06-3

LE MANUEL DE MÉDITATION

Un guide clair et pratique qui explique la méditation bouddhiste étape par étape

- Qu'est-ce que la méditation et comment agit-elle ?
- Comment intégrer la méditation dans notre vie de tous les jours
- Comment trouver une paix et un bonheur durable grâce à la méditation

Cette introduction à la méditation bouddhiste va nous inspirer et fournir les connaissances de base essentielles sur la méditation. Elle nous dit pourquoi nous avons besoin de méditer, comment se préparer à la méditation et comment réussir nos séances de méditation, et elle enseigne vingt et une méditations faciles à mettre en pratique. Ensemble, ces méditations forment la voie bouddhiste dans son entier et nous mènent jusqu'à l'illumination. En suivant les conseils pratiques donnés dans ce livre, nous pouvons transformer notre esprit, réaliser notre potentiel humain et trouver une paix et un bonheur durables.

« Cette introduction à la méditation bouddhiste est inspirante et nous présente tout le matériel essentiel . . . » Samsâra

176 pages, 23 illustrations, glossaire, bibliographie, index.
Prix : 15 €, ISBN 2-913717-00-4

TRANFORMEZ VOTRE VIE

Un voyage plein de félicité

- Quel est le sens réel de la vie humaine ?
- Le vrai bonheur existe-t-il ?
- Comment relever les défis de la vie pour progresser ?
- Comment se réaliser pleinement ?

Ce livre propose des solutions pratiques aux problèmes de la vie moderne. Il fournit tous les éléments nécessaires pour parvenir à un véritable progrès personnel. Tous ceux qui nous entourent en bénéficieront ! Guéshé Kelsang présente une série de méthodes pour : comprendre notre place dans le monde, gérer la peur et l'anxiété, réduire le stress, apprendre à s'affirmer sans colère ni frustration, avoir confiance en soi et prendre soin des autres.

« Nous avons tous le potentiel illimité de bonheur et d'épanouissement ; ce livre peut nous aider de nous réaliser... cette œuvre contient une spiritualité profonde qui éveille. » The Napra Review

472 pages, 21 illustrations, glossaire, bibliographie, index.
Prix : 26 €, ISBN 2-913717-09-8

Pour commander une de nos publications ou pour recevoir notre catalogue, adressez-vous aux :

Éditions Tharpa
192 bd Voltaire
75011 Paris
Email : info@tharpa.org
Site web : www.tharpa.org

Cet ouvrage a été réalisé par Butler and Tanner,
Frome, Somerset, Grande-Bretagne,
sur du papier sans acide d'une durée de vie de 250 ans
pour le compte des Éditions Tharpa en avril 2003.

Dépôt légal : mai 2003